3週間で再登校に導く5つのルール

不登校の9割は親が解決できる

小川涼太郎 著
明治学院大学教授
小野昌彦 監修

PHP

はじめに　不登校は必ず解決できる

誰もがなりうる不登校

いま、不登校に悩む方が増えています。

少子化で子どもの数は減っているにもかかわらず、不登校の子どもたちは増え続けており、**約30万人（2022年度）もの小中学生が学校に行くことができていません。**社会としても見過ごせない大きな問題であり、メディアでも不登校問題がよく取り上げられています。


いままでは、不登校は珍しいものではありません。

現在、学校に行けていないお子さんのことを心配している親御さんや学校の先生方はもちろん、

「学校に来ない子がクラスにいるらしいけど、どうしたのかな」

「うちの子も、いつ学校に行きたくないと言うかわからない」
と心配している方も多いことでしょう。

一般に、不登校は解決が難しいと思われています。**不登校の子どもたちの7〜8割は学校に戻ることができていないというデータもあります。**

フリースクールなど学校以外の居場所は増えているとはいえ、本来得られるはずだった公教育の機会が失われ、将来の選択肢が狭《せば》まってしまうという現実があります。

学校に行きたいのに行けない。

親としては元気に学校に行ってもらいたいのに、それができない。

これは大変な苦しみです。出口の見えないトンネルの中にいるような気持ちでしょう。本人が一番苦しいのには違いありませんが、親御さんの悩みもはかりしれません。

でも、安心してください。不登校は解決できます。

3週間で9割が再登校できている

私は、不登校解決支援サービスを提供する株式会社スダチを経営しています。スダチは、「鳥の巣立ち」に由来しています。「巣から飛び立つ鳥のように、誰もが社会という大空へはばたけるように」という想いを込めて、この社名にしました。

2020年7月に不登校解決支援サービスを始めてから、2024年3月現在で865名のお子さんが再登校できています。

支援スタートから再登校までの日数は平均で18・0日。3週間もかかっていません。**再登校率は90・0%**です（スダチでは再登校の定義を、朝から放課後まで2日連続で元のクラスに登校できたこととしています。これができると、その後も継続して登校できると考えられるからです。五月雨《さみだれ》登校、保健室登校、午後からの登校などは含んでいません。なお、2日連続登校後に欠席が続いた場合は再登校とは呼ばず、日数のカウントに反映していません）。

「不登校を3週間で解決できる」というと、ほとんどの方は「そんなはずはないでしょう」という反応で、逆に怪しまれてしまうことも多いのですが、正真正銘《しょうしんしょうめい》、本当のことなのです。

無理やり学校に連れて行っても解決しない

平均3週間弱という早さから、「無理やり学校に連れて行っているだけなのではないか?」という疑問が出るかもしれませんね。

ここは最初にお伝えしておきたいのですが、無理やり学校に連れて行ったところで不登校は解決しません。半日や1日ならどうにかなったとしても、すぐにまた行きたくなくなるでしょう。学校は平日に毎日行くところです。**本人に「頑張ってみよう」という気持ちがなければ、再登校はできない**のです。

そもそも「学校に行きたくない」という子を、学校に引っ張っていくことすら難しいですよね。**「学校に行きたい」とまではいかなくても、「大変だけど行ってみるか」「なんとかなるかも」と思えるようにサポートすることが必要**です。

このサポート法＝スダチのメソッドには、ちゃんとした根拠があります。

脳科学・発達心理学・行動療法などの科学的根拠に基づき、再現性の高い方法で具体的にアプローチできるよう構成しています。

原因を追究しなくても、不登校は解決できる

不登校の解決が難しいと思われている理由の一つが、「不登校の原因はさまざまで、それを突き止めること自体が難しいから」ということです。

不登校の子一人ひとりに、学校に行けなくなった理由があり、そこにたどり着かない限り解決ができないと考えているのです。

「どうして学校に行きたくないと思ったの？」

「学校に行きたくない理由が何かあるの？」

そんなふうに、原因を探ろうとする親御さんは多いと思います。もちろん、お子さんの話を聞いてあげることは大事です。「これこれがイヤだったんだね」と、気持ちに寄り添ってあげることは、良い親子関係を築くうえでも重要です。

ただし、**たとえ原因だと思われるものを見つけても、そこにアプローチしただけでは問題が解決しないことも多い**のです。たとえば、「授業がわからなくてついていけないから行きたくない」という場合に、授業についていけるように家庭教師をつけたとしても、「じゃあ、また学校に行こう」というようにはなりません。詳しくは本文でお伝えしますが、**原因と思われるものは「きっかけ」にすぎず、本質的な原因は別にある**からです。

ですから私たちは、原因を追究しません。

原因を追究しなくても、不登校は解決できます。

重要なのは子ども自身の「問題を乗り越える力」を引き出すことです。不登校は家族にとって深刻な問題ですが、一つのトラブルとして表面化したものにすぎないと考えることもできます。表面的な問題を一時的に解決しても、これからもさまざまな壁にぶつかるはずです。どのようなトラブルでも乗り越える力をつけることこそが大事です。この力があれば、再登校にチャレンジすることだって当たり前になります。

子どもに会わずに、再登校に導く

不登校解決支援というと、お子さんに直接会って話をしたり、カウンセリングをしたりするようなことを思いうかべる人も多いかもしれませんね。でも、私たちはお子さんに会うことはありません。それどころか、スダチの存在は一切知られないようにしています（この本もお子さんには見せずに、親御さんが読んでくださいね）。

それでは、どうやって支援をしているのか。

親御さんからの相談を受けて、親御さんとやりとりをするというかたちで支援しています。お子さんの「問題を解決する力」を引き出し、支えられるのは親御さんだからです。私たちはそのサポートをしています。お子さんから見て、第三者があれこれ言っていると感じるより、お父さんお母さんが本気で向き合ってくれていると思えたほうが良いので、私たちは黒子《くろこ》に徹します。**サポートはすべてオンラインで行っており、具体的にはZoomを使った面談とメールでのやりとり**です。毎日お子さんの様子をうかがって、アドバイスをするのを繰り返すことで、**3週間で再登校に至るお子さんがこれまでに850名を超える**のです。

多くの親御さんに「魔法みたい」と言っていただいています。

本書では、そのメソッドを公開しています。

詳しくは本文で触れますが、実は**基本のメソッド自体はシンプル**です。**5つの条件を整えれば、約3週間でお子さんが再登校にチャレンジできるようになる**というものです。

その条件を整えるために、「家庭のルールを作って発表する」というアクションがあります。そして、毎日お子さんに良い声かけをしてもらいます。

本書をお読みいただければ、基本のやり方が理解できると思います。いま不登校でお悩みの方は、ぜひ実行してみてください。必ず良い方向に向かうと信じています。

２０２４年４月

小川涼太郎

不登校の9割は親が解決できる

目次

第2章

ゲーム・スマホが問題を長引かせる

第3章 最短で再登校に導ける「5つの条件」

第4章 最短で不登校を乗り越えられるマインド

第5章 不登校の子どもへの「魔法の声かけ」

装　　丁——一瀬錠二（Art of NOISE）
編集協力——小川晶子
企画協力——株式会社ブックダム

第1章

現代の不登校は何が原因なのか

増え続ける不登校の子どもたち

冒頭でもお話ししたとおり、この10年というもの不登校の子どもたちの人数は増え続けています。とくに近年は急増しており、**2022（令和4）年度の小中学校における不登校児童生徒総数は約30万人**にのぼりました。在籍児童生徒に占める割合は約3・2％ですから、**平均すると一クラスに一人、不登校の子がいる**ような計算です。

国としても看過《かんか》できない問題で、さまざまな対策を打ち出してはいますが、どれも芳《かんば》しい成果は出ていません。

なお、**不登校の高校生は約6万人**で、こちらも増えています。

これらの数字を見て、あらためて不登校が大きな社会問題になっていることを感じる方は多いでしょう。ただ、実際にはもっと多いだろうと思われます。

文部科学省の定義による「不登校」とは、年間30日以上の欠席者のうち「何らか

不登校児童生徒数の推移

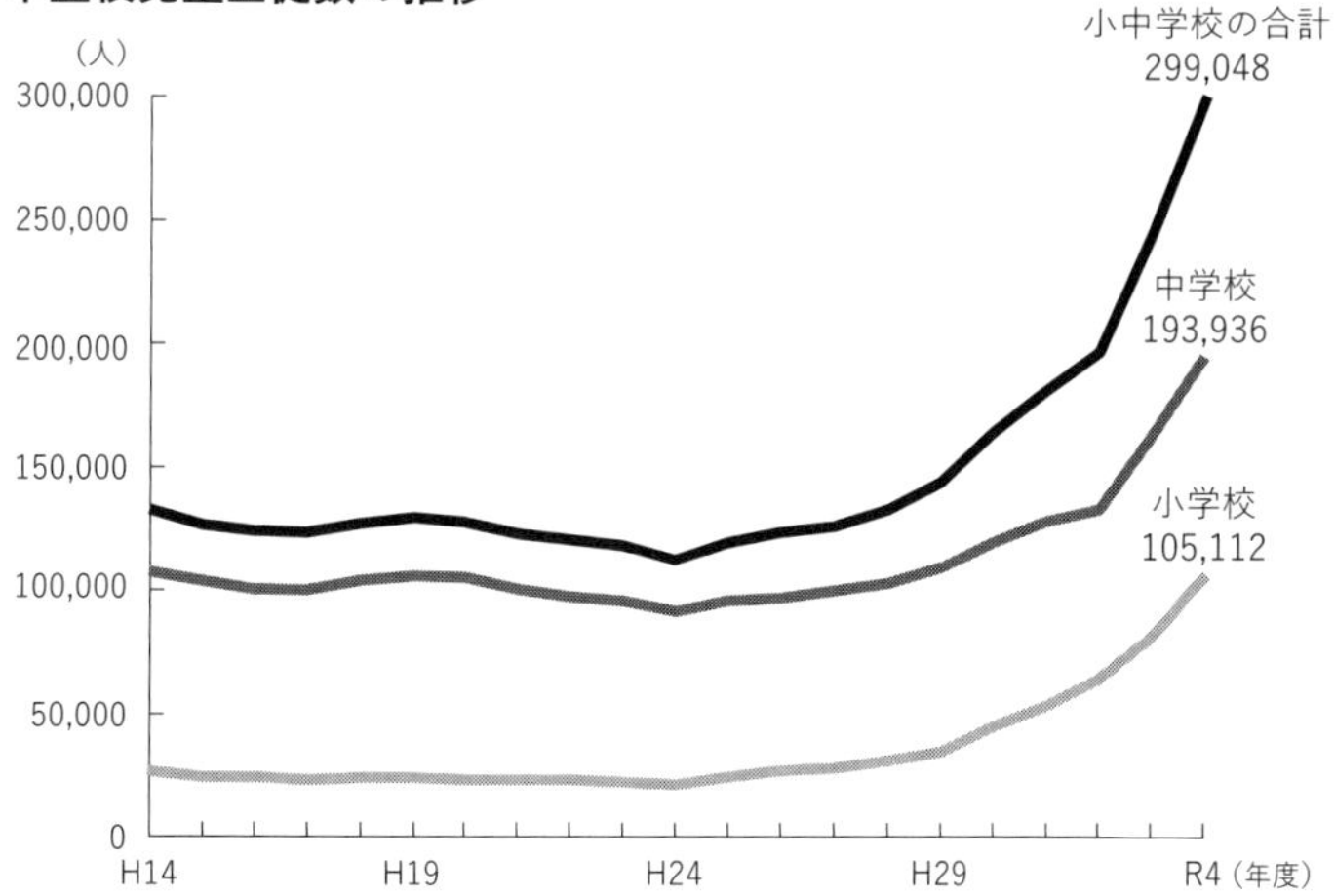

文部科学省「令和４年度児童生徒の問題行動・不登校等生徒指導上の諸課題に関する調査結果について」をもとに作成

の心理的、情緒的、身体的あるいは社会的要因・背景により、登校しないあるいはしたくともできない状況にある者」であり、「病気や経済的理由による者」を除きます。たとえば、うつ病や適応障害、起立性調節障害など何かしらの診断が出ている場合には、不登校にカウントされず、長期欠席者数のほうにカウントされているのです。

2022年度の小中学校における「長期欠席者数」は約46万人でした。この中には、「不登校」と変わらない状況の子も含まれているでしょう。

学校復帰率

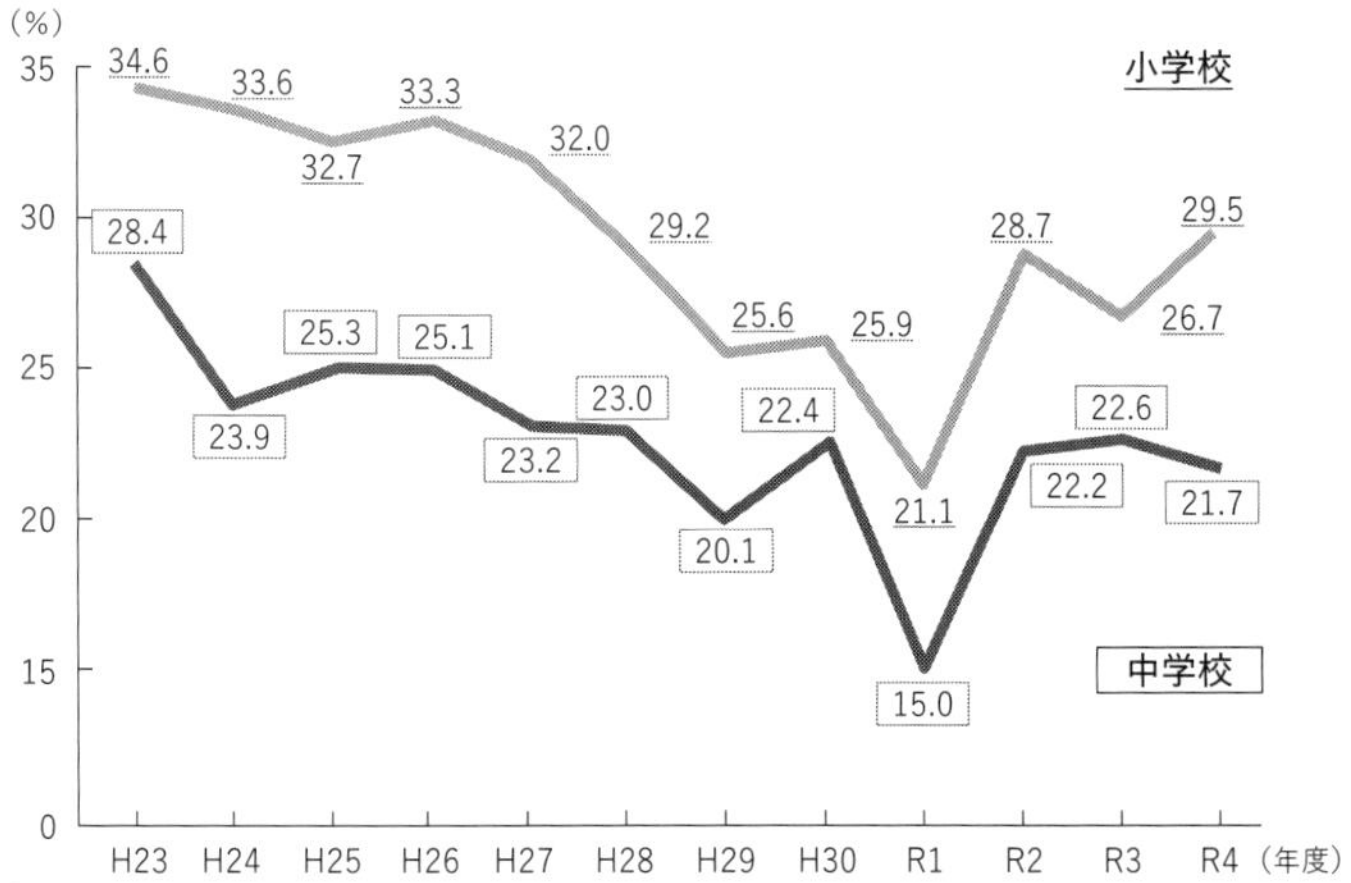

東京都教育庁指導部『「令和４年度児童生徒の問題行動・不登校等生徒指導上の諸課題に関する調査」について』より

本質的には、**学校に行くことができていない子全員に目を向ける必要がある**と思います。

一度不登校になると、学校に戻れない

一度不登校になってしまった子は、なかなか学校に戻ることができていないという現状があります。東京都教育庁指導部の「令和4年度児童生徒の問題行動・不登校等生徒指導上の諸課題に関する調査」のデータを見ると、令和4年度の学校復帰率は小学校29・5%、中学校21・7%。つまり、**小学生で**

は約70％、中学生では約78％の子どもたちが学校に復帰できていません。

フリースクールや通信制の学校等、別の選択肢をとっているのです。

なお、高校は通信制があるのに対し、文科省に認められた「通信制の小中学校」はありません。通信制では、心身の発達段階にある子どもたちの状況を見極めることが難しいからです。

小学4年生で不登校になってしまった子の親御さんが、相談機関で「どのくらいの子が再登校できているのでしょうか」と質問したところ、「通信制高校に行けるようになった子はけっこういますよ」と言われてショックを受けたという話もあります。確かに通信制高校はありますが、小学4年生の子にとってはまだ5年も先のことです。「事実上、不登校は解決できていないということか」と思ったそうです。

不登校の原因を取り除けば、学校に行けるようになるのか

それでは、不登校の原因とはどのようなものなのでしょうか。

いじめ、友だちとのトラブル、先生との相性、勉強が苦手……。

一般的に、不登校のイメージとしてよく挙がるのはそういった問題です。しかし、実はこれらは根本的な原因ではありません。

学校に行きたくない原因が明確であるなら、それを解決できれば再び学校に行くことができるでしょう。たとえば、友人関係のトラブルが原因であるなら、仲直りをする・その友人と距離を置く。先生との相性が原因である場合、学校に伝えて配慮してもらうなどです。問題解決に向けて具体的に動けるならば、それに越したことはありません。

ただ実際には、**目の前の問題を解決しても、やはり再登校できない**ことが多くあります。学校を転校してもまたすぐに不登校になってしまったりするのです。

考えてみれば、学校生活の中で何らかのトラブルはあるのが当たり前です。私たちも子どもの頃、友だちとケンカをして「学校に行きたくない」と思ったことはありましたよね。でも、**友だちとケンカをした子が全員不登校になるかというと、そんなことはありません。**「イヤだなぁ」と思いながらも学校に行き、トラブルを乗り越えていく子が大勢います。

勉強が原因である場合も同じです。もし本当に勉強が原因なのであれば、勉強が苦手で成績が悪い子から順番に不登校になるはずではないでしょうか。

もちろん、発達の特性上、苦手なものが多いとか、トラブルを起こしやすいといったケースはあります。そのぶん、乗り越えるのが大変な場合もありますが、だからといって「学校に行けなくても仕方ない」と思う必要はありません。諦《あきら》めなければ必ず乗り越える方法は見つかります。

不登校になる真の原因

私は、**不登校の根本的な原因は「正しい親子関係が築けていないこと」**であり、その背景に現代の社会構造があると考えています。**「正しい親子関係」とは、親が家庭の主導権をにぎり、ダメなことはダメと言う厳しさもありながら、愛情深くあたたかく子どもを守ることのできる関係**です。もちろん、ほとんどの親は我が子に愛情を持って接していることでしょう。私たちのところへ相談に来る親御さんたち

不登校の要因（主たる要因として多いものは以下のとおり）

	人数	**不登校児童生徒に占める割合**
無気力・不安	154,772人	51.8%
生活リズムの乱れ、あそび、非行	33,999人	11.4%
いじめを除く友人関係をめぐる問題	27,510人	9.2%
親子の関わり方	22,187人	7.4%
左記に該当なし	14,814人	5.0%

文部科学省「令和4年度児童生徒の問題行動・不登校等生徒指導上の諸課題に関する調査結果について」をもとに作成

を見ても、本当に子どものためを思っており、愛情を持っていることがよくわかります。

ですから、**私は不登校の原因は親にあると言いたいのではありません。親からの愛情が伝わりにくく、正しい親子関係が築きにくい構造が、現代の日本にできてしまっている**ということなのです。

ここで文科省が発表している調査による「不登校の要因」を見てみましょう。実はもっとも多いのは「無気力・不安」（51・8％）。次いで「生活リズムの乱れ、あそび、非行」（11・4％）です。

不登校の原因としてイメージしやすい「いじめ」は、最下位の0・2％しかありません。私たちのところへ相談に来る方たちも、**いじめが原因で不登校になったケースは少ない**です。文科省のデータよりはやや多いですが、3％くらいでした。

現代の不登校は、いじめなどの明確な理由で学校に行けなくなっているというより、「なんとなく不安」「なんとなくだるい」といったことが要因になっているのです。

実際、不登校の子ども自身、理由がはっきりとはわからないことがよくあります。親は「どうして行きたくないの？」と理由を聞きますが、「嫌いな授業があるから」「お腹《なか》が痛いから」「意地悪な子がいるから」など、聞くたびに答えが違うというのもよくある話。本人もよくわからないけれど、やる気が出ない、学校に行きたくないということなのです。

原因がよくわからないので対処ができず、何もしないまま不登校期間が長くなっていきます。多くの親はあちこちへ相談に行き、本を読み、なんとかしようと頑張ります。でも、具体的に何をしたらいいのかがわからないのです。

子どもが無気力になったり、不安になったりする背景には、「お父さんお母さんからの愛情をうまく受け取れていないことによる自己肯定感の低下」があります。

不登校の要因として「友人関係のトラブル」「先生との相性」「勉強」など具体的なものを挙げている場合も、それは原因というより「きっかけ」であって、根本的には、やはり自己肯定感の低下があるのです。

正しい親子関係が築きにくい現代

親世代が子どもだった頃と比べて、いまの子育て環境は大きく変わってきています。

昭和の時代は体罰も多く、子どもには問答無用で言うことを聞かせるようなスタイルも普通でしたが、いまはまったく違います。子どもの権利に対する意識が高まり、一人ひとりを尊重するようになりました。

これ自体はとてもいいことです。

ただ、**子どもを尊重しようとするあまり、ともすると「制限せずに甘やかす」ことが良いと勘違《かんちが》い**されてしまいます。「本人のやりたいようにやらせる」「好きなようにさせる」のが良しとされ、厳しくすると「虐待《ぎゃくたい》なのではないか？」と思われるおそれすらあります。

こうした風潮の中で、現代の親は子育てに自信を持てないでいます。子どもに対して気を遣い、**友だちのような関係や、子どもが主で親が従といった逆転の関係になってしまう**こともあります。これは「正しい親子関係」とは言えません。

子どもにとって、**「やりたいことをやらせてくれるけれど、頼りない親」であった場合、愛情も受け取りにくくなります。**

会社の上司を思い浮かべてみてください。厳しさもありながらあたたかく、尊敬できる上司から褒《ほ》められたら、とても嬉《うれ》しいですよね。叱《しか》られても素直に受け取ることができるでしょう。一方、甘いばかりで頼りない上司だったら、褒められても叱られても、たいして何も感じないのではないでしょうか。「また何か言っているよ」というくらいで、その「甘さ」を利用してやろうと思うかもしれません。

当然ながら、本当に困ったことがあったときに相談したいのは、厳しくもあたたかい上司でしょう。

子どもたちも、**厳しくあたたかく、困ったことがあったときに頼れる存在を求めている**はずです。親は本来そういう存在であるのです。親を頼ることができなければ、子どもはどうしていいかわからなくなってしまいます。

デジタル機器に支配されている

もう一つ、昔と大きく違うのはデジタル機器が家庭に入り込んでいることです。一人一台スマホやタブレットを持つのも当たり前になっており、家族それぞれが自分の好きな動画を見たりゲームをしたり、SNSをやっているのが珍しくありません。昔ならもっと家族で同じテレビ番組を見たり、会話したりしていたであろう時間も減ってしまいました。これも、愛情が伝わりにくくなっている要因の一つです。

そのうえ、「子どもには好きなようにさせるのが良い」「自主性に任せる」という考えのもと、**制限をせずにゲームやスマホをやらせてしまっている**例が多くなっています。

現代の不登校とデジタル機器とは、切っても切り離せないというくらい大きな関係があります。

不登校の子が家で何をしているかといえば、多くの場合が**スマホ、ゲーム、YouTube**です。家にいてもやることがなければ、学校のこと、将来のことなどを考えるでしょうが、ゲームにハマっていれば考えなくてすんでしまいます。

これが不登校を長引かせる要因です。

友だちとのケンカがきっかけで学校を休んだとしても、数日、家であれこれと考え、「明日はこうやって話しかけてみよう」とか「別の友だちがいるから行ってみよう」と思えれば再登校できるでしょう。でも、家でゲームをやって過ごしているうちにどんどん学校に戻りにくくなり、再登校が難しくなるのです。

「学校に行かなくてもいい」は本当か

多様性が重視され、さまざまな選択肢も増えている現代では、「学校に行かなくたっていい」という言説もよく耳にします。行きたくないなら、無理に行く必要はない。自分に合った居場所を見つけられればいいし、学校以外で好きなこと・やりたいことを見つけ、生活できればいい……。実際、そのようにして、自立した生活を送ることができている人はいるでしょう。

私も、学校以外の選択肢があること自体は素晴らしいと思っています。「学校だけがすべてじゃない」というのは、本当にそのとおりです。

ただ、**むやみに「学校に行かなくてもいい」と言うのは危険**です。**学校に行かずに、学校と同等の教育や機会を得ることはかなり難しいのが現実**だからです。


次ページの図表にある例を見ていただくとわかるように、学校と同等の学習や運動、同世代のコミュニティへの参加等の環境を民間企業でまかなおうとすると、月に25万〜30万円くらいかかります。これだけの費用を出し続けられる人は少ないでしょう。

逆に言うと、不登校であればこれだけの機会を失っていることになります。

「学校に行かなくてもいい」と言う人も、「学力がゼロでもいい」と言っているわけではないですよね。小学校低学年から勉強をしなかったら、漢字も読めないし計

学校と同等の環境を用意するために必要な費用

必要な環境	計算方法	１か月の費用	合計費用
授業	・教員免許を持った先生を家庭教師につけると安くても１時間2000円 ・学校の授業を１コマとすると 2000円×１日(5コマ)×１か月(20日)＝20万円	20万円	最低かかる費用 **月24.9万円**
給食	・１食300円 ・300円×１か月(20日)＝6000円	6000円	
運動	・一般的なスポーツの習い事の月謝は１万円ほど	１万円	
同世代のコミュニティ	・フリースクールの平均費用は月3.3万円	3.3万円	
学習塾	・勉強を取り戻すための塾代 ・個別指導だと平均月３万円ほど	３万円	勉強に遅れている場合 **月にプラス３万円**

全て合計すると……月27.9万円

算もできないことになってしまいます。それでは自立した社会生活を営《いとな》めません。

学校に行かない場合は、本来得られるはずの教育の機会を別の何かで補《おぎな》う必要があるのです。

運動もそうです。成長段階にある子どもにとって、運動はとても大切です。家にひきこもって運動をしないまま過ごしていると、身体が発達せず、弱くなってしまいます。**不登校の子どもの中には、筋肉が弱って歩けなくなった子も**います。

生活習慣やコミュニケーションについても、学校に行かずに、年相応の能力を身に付け、キープするのはかなり難しいでしょう。

こう考えると、「学校に行かなくてもいい」と安易に言うことはできないと感じます。

フリースクールを選択する前に知っておきたいこと

すべての人は教育を受ける権利を持っており、保護者は子どもに普通教育を受けさせる義務があります（日本国憲法第26条）。

この「普通教育」は学校での教育に限っているわけではありません。学校以外の場所であっても、普通教育の趣旨に合った教育であれば認められます。

2019年に文科省は**不登校支援についてのガイドライン**として、「不登校児童生徒への支援は、『学校に登校する』という結果のみを目標にするのではなく、児童生徒が自らの進路を主体的に捉《とら》えて、社会的に自立することを目指す必要がある」と示しました。

これを「国も学校に行かなくていいと言っている」と捉える向きもありますが、大切なのは後半の**「自らの進路を主体的に捉《とら》えて、社会的に自立することを目指す」**というところです。

確かに、いまはフリースクールのように学校以外の場所が増え、注目を集めています。

フリースクールとは、一般に、不登校の子たちに対して学習活動、教育相談、体験活動などを行っている民間施設のことを言います。統一された基準があるわけではなく、それぞれの施設が独自に運営しているものなので、多種多様なフリースクールが存在しています。

子どもの主体的な学びを目指し、自然の中で遊んだり職業体験のようなことをしたり、面白い体験活動をしているフリースクールなどはニュースになるので、そういうイメージを持っている方もいるでしょう。

子どもに合ったフリースクールがあり、そこに通うことで「自らの進路を主体的に捉えて、社会的に自立すること」を目指せるのであれば素晴らしいと思います。ただ、いくつか注意点があります。

●利用するための料金がかかる
施設の規模や通う日数等によって料金はさまざまだが、**平均すると月額3・3万円。**

●出席扱いにならない場合がある
一定の要件を満たしたフリースクールであれば、小中学校に行く代わりにフリースクールに通うことで出席扱いになる。ただし、**最終的な判断は各学校の校長による**ため、出席扱いにならない場合も。

●高校進学を目指すには不利になる
出席扱いになったとしても、成績はつかない。**基本的に内申点はゼロ**になるケースが多く、高校進学を目指す場合には不利になることが多い。通信制や定時制の学校以外の選択肢がなくなるリスクがある。

また、それぞれのスクールの方針によって差はあるものの、**学校のように決まった時間に行き、時間割通りの生活をするわけではない**のが特徴です。ルールが多く、集団生活が重視される学校とは違う場所として始まっているので当然です。スクールによっては、好きな時間に行き、ゲームをしたり漫画を読んだりしているだけという場合もあります。お昼頃から行って、ずっとゲームをして過ごしている子が、学校に戻れるかというと相当難しいでしょう。**社会的自立を目指せるのか不安は残ります。**

もちろん、私はフリースクールを否定したいのではありません。運営されている方々は、子どもたちのことを想って努力されていますし、学校以外の選択肢があることで救われた子たちもいます。居場所づくりを重視しており、同じ悩みを持つ子たちとのつながりを作ってあげたい場合には向いていると思います。

ホームスクーリングは広がるか

いまはオンラインや動画のすぐれた教育コンテンツがあるのだから、家で勉強できるのでは？　と思う人もいるかもしれません。

近年、家庭を学習の拠点とする「ホームスクーリング」も注目されることがあります。アメリカをはじめホームスクールが認められている国、地域は増えており、今後、日本でも増えていく可能性はあります。

日本では正式に普通教育と認められているわけではないため、不登校の子への教育の手段として捉えられているのが現状です。

ホームスクーリングを教育の手段として考えた場合、親の力によるところが大きくなります。動画コンテンツや良い教材を使ったとしても、**小中学生が自分一人で進めるのはかなり難しい**でしょう。近くで勉強を見てあげたり、その子の状態を観察しながらちょうど良いものを提示してあげたりする必要があります。親が教員免許を持っているなど教育に造詣《ぞうけい》が深く、かつ、時間的な余裕がある場合に可能となる方法です。

アメリカのホームスクーリングも、実際は厳しい基準が設けられており、カリキュラムに沿って学習を進め、テストを受けるなどしなくてはなりません。

家庭で教育できる力があるなら、ホームスクーリングも選択肢の一つです。ただ、進路の選択や、同世代とのコミュニティへの参加等をどうするかはよく考えておく必要があります。学校の理解がある場合はフリースクールと同様、出席扱いになりますが、内申点はまた別の話です。

通信制高校で学ぶのは大変

通信制の高校はカリキュラムがあります。**多くの学校は登校日が限られており、基本的にオンライン授業や動画などで学習**します。そして、レポートを提出して単位を取得します。自分で計画を立てて、コツコツ進めなければならないので、どれも学習の習慣のない人にとっては大変です。が、実際には**教科書を見て書き写せばなんとかなってしまうことが多く、きちんと理解できていない場合も**あります。高卒資格を得られれば良いと考える人もいると思いますが、本質的な学びが得られないのだとしたら不幸なことです。

そもそも近くに先生や友だちのいない環境で、一人で頑張るのは大変なことです。大人だってそうですよね。学ぶ内容が良くても、「環境」が大きな影響を与えることは考慮に入れておくべきでしょう。

フリースクールやホームスクーリングのように、学校以外の選択肢は増えていますが、安易にすすめることはできません。メリット・デメリットをわかったうえで選択することが大切だと思っています。

見守るだけでは解決しない

子どもの不登校に悩む親御さんが、スクールカウンセラーをはじめとした相談機関でまず言われることは、「見守りましょう」であるようです。

私たちのところへ相談に来た方に聞いてみると、90％以上の方は「見守りましょう」「少し様子を見ましょう」といったアドバイスを受けていました。

不登校について書かれた本などを見ても、「無理に学校に行かせようとしてはいけません。子どもの気持ちに寄り添いつつ、見守りましょう。家で安心して過ごしているうちにまた元気になります」といったことが書かれています。

これが現代の不登校に対する考え方の主流なのです。

背景には、アメリカの臨床心理学の大家カール・ロジャーズ（1902～198

7年）が創始した「来談者中心療法」というカウンセリングの手法があります。来談者中心療法は、専門家が来談者のことを否定せず、共感して、傾聴することで、来談者自らが解決に向けて動く力を引き出すという考え方に基づくものです。

アメリカで流行したこのカウンセリング手法が、数十年前に日本にも広まりました。ところがその後、**アメリカでは科学的根拠に基づく「認知行動療法、行動療法、応用行動分析」が主流**になっていきます。**来談者中心療法では改善しないケースが多かった**ためです。時代の変化もあるのかもしれません。

しかし、日本では変わらずロジャーズの考え方が主流です。直接的にアドバイスしないこのやり方は、もともと日本人の気質に合っていたのでしょう。話を聞いてもらえて気持ちがラクになるという効果はあります。

ただ、現代の不登校を解決したいと思ったときには、見守るだけでは難しいのです。不登校の子どもたちが増え続けている現状がそれを示しています。

いじめなどの明確な原因があるなら、それに対処する方法を一緒に考えてくれる人はいると思います。でも、多くの場合は原因がはっきりしません。そこで「いまはちょっと疲れているのでしょう。元気になるまで家で好きなことをさせてあげてください」という話になります。

いまの時代、「家で好きなことをさせる」といえば動画、スマホ、ゲームです。

子どもたちはデジタル機器に依存するようになります。

その結果、不登校期間が長くなってどうしようもなくなり、私たちのところへ相談に来る親御さんが大勢いるのです。

残念ながら、見守るだけでは不登校は解決しません。

いまの状況に困っているなら、何か変化を起こす必要があります。私がお伝えしているのは、**正しい親子関係を築くために、家庭のルールを作る**ことです（ルールについては第3章で詳しくお話しします）。

子どもに愛情を伝えて自己肯定感を育《はぐく》みつつ、ダメなことはダメとはっきり伝えます。**親が厳しくあたたかく、信頼できる存在となって支える**のです。

「学校に行きなさい」とは言いません。でも、結果的に再登校できるようになるのです。

対応が遅れるほど登校しにくくなる

一般的に、子どもが学校に行かなくなってから**時間が経《た》てば経つほど、再登校へのハードルは高くなります。**

学校に行かない期間が長ければ、それだけ学習にも遅れが出ますし、「みんなどんな反応をするんだろう」「友だちにどう話しかけたらいいんだろう」など不安が強まります。当たり前ですよね。学習面でも心理面でもハードルは高くなっていくのです。

また、**生活習慣の乱れやデジタル依存は長期化するほど、元に戻すのには苦労が伴います。**

再登校を希望するのであれば、本来は早めに対応したほうがいいのです。「見守る」だけでは不登校期間が長くなり、再登校が難しくなってしまいます。

それに、**子どもの頃の１日はとても貴重な時間**だと思いませんか。**大切な１日１**

日を、家でゲームやスマホをするだけに費やしてしまうのはもったいないことです。
ですから私たちは早めの対応をすすめています。

とはいえ、不登校期間が長い子は再登校できないというわけではありません。決してあきらめないでください。不登校期間が長くなるにつれて支援期間も長くなる傾向にはありますが、驚くほど早く再登校できたケースもあるのです。**4年半ほど不登校だった子が、支援を開始して3週間以内に再登校できたケースも**あります。

親御さんが希望と覚悟を持って行動すれば、必ず道はひらけます。

学校が変わるのを待つより、自分が変わったほうが早い

学校に行けないのは、学校に問題があるのだから、学校が変わればいいじゃないかと思う人もいるでしょう。

たとえば「一斉教育には限界があるのだ」「もっと子どもの特性にあったやり方をすべき」という声が聞かれます。

あるいは、「担任の先生がえこひいきをしているからダメだ」とか、「うちの子に

とっては授業のレベルが低いからつまらないのだ」と言う人もいます。

一つひとつは事実かもしれません。もっと学校が一人ひとりにあった教育をできるようになるといった理想はあるべきだと思います。

でも、それはそれとして、**いますぐ変えられるのは自分**です。「学校が変わればいい」と言って何もしなければ何も変わりません。学校が変わるのを待つよりも、いまできることをやったほうがいいと思うのです。

不登校は「学校」と「家庭」の二軸《じく》で考えることができます。

「学校」も「家庭」も良い状態であるのが理想です。ただ、**どちらかが良くなくても、一方が良ければ学校に行くことはできる**と考えられます。家が辛《つら》い状況でも、学校に行けば良い友だちや先生がいて楽しいと思えれば、学校に行きたいですよね。逆に、学校で辛いことがあっても、家庭の状況が良ければ、辛さを乗り越えて学校に行くことができます。

ここでいう「家庭の状況」が良いとは、これまでお伝えしている「正しい親子関係」のことです。

学校に行ける子、行けない子の違いとは？

家庭の状況	学校の状況	結果
○	○	➡ 学校に**行ける**
○	×	➡ 学校に**行ける**
×	○	➡ 学校に**行ける**
×	×	➡ 学校に**行けない**

＊家庭の状況とは「正しい親子関係」を意味します

不登校になってしまうのは、「学校」も「家庭」もどちらも状況が良くないからです。

それなら、「家庭の状況を○にしましょう」というのが私たちの考え方です。学校の状況を○にし続けるのは難しいことです。いったん状況が良くなっても、それがずっと続くとは限りません。クラス替え、転校、進学などによって状況は変化します。

でも、いったん正しい親子関係を築いて家庭の状況が○になれば、ずっと良い状況を続けることができるのです。

便宜上、○と×という表現をしていますが、決して不登校のお子さんの家庭の環境が×だと言いたいわけではありません。一方で、自信を持ってご自身の家庭の環境が○だと言い切れる人も少ないでしょう。

「いじめ」が原因なら、学校に行かなくてもいいのか

いじめが酷《ひど》いような場合は、学校に行かせてはいけないのではないかと思う人もいるかもしれません。無理に登校し続けてボロボロになり、最悪の場合、自殺してしまうかもしれない。学校に行かないことが最良の選択肢の場合もあるだろうというのです。

もちろん、**子どもの命を守ることが最も大事**です。ただ、「いじめに遭《あ》っているから不登校でいい」というのはそもそもおかしな話です。いじめた側を停学にするならともかく、**いじめられた子が学校に行けなくなるのを容認するのは間違っています。いじめられた子が教育の権利を奪われていいわけがありません。**

「いじめによる不登校」は絶対に解決しなくてはならない問題であり、学校にも解決する責任があります。文科省は、いじめが原因の不登校は重大事態としてとりあげることを定めています。つまり、学校としてもまっさきに対応しなければならな

いことなのです。ですから、いじめが原因で不登校になってしまった場合、**学校にきちんと対応を求めるべき**です。それでも解決できなければ外部の専門家を頼ることです。暴力等があるのであれば、警察が介入する事件です。

そうはいっても、学校側がいじめの事実を認めてくれないといった酷い状況もあるでしょう。そういう場合は転校するなどして、子どもを守るしかありません。

同時に、やはり**家庭の状況を良くする努力は必要だ**と思います。

残念ながら、すべての学校でいじめをゼロにすることは難しいでしょう。社会に出てもいじめがあるくらいです。転校先でも辛い出来事があるかもしれません。でも、どんなときも、お父さんお母さんに相談をしたらきっと大丈夫と思えるような家庭にしていきたいですよね。

自殺未遂までしていた中1女子の事例

いじめや友人関係のトラブルで心に傷を負い、学校を休むときが必要な場合はあると思います。でも、**学校を休み続ければ解決するというわけではありません**よね。むしろ、心と体が不健康になっていき、より危険な状態になることがあります。

繰り返しになりますが、私たちは無理やり学校に行かせようとしているわけではありません。**子ども自身が元気になり、トラブルを乗り越えることができるように支援をしている**だけです。

ここで、2か月間不登校だった中学1年生の女の子の例を紹介しましょう。

清水さん（仮名）の娘さんは、積極的な頑張り屋さんです。部活も委員会も頑張っていました。ところが、委員会の仕事を進める中で、クラスメイトともめたことがきっかけで学校に行けなくなりました。娘さんがクラスメイトをいじめているという噂《うわさ》を流され、それを複数の友だちから言われたことでショックを受けたのです。

最初は無理して学校に行っていましたが、次第に「お腹《なか》が痛い」「頭が痛い」など体調不良を訴えるようになりました。そして不登校になりました。朝起きることができず、食事もあまり摂《と》らないのに、トイレで吐《は》いていることも。清水さんは、そんな娘さんを心配し、心療内科に連れて行ったり、何も言わずにそっとしておくようにしたりしました。ところが状態は悪化していきます。あとから聞いたところによると、クローゼットにベルトをかけ、首をつって死のうとしたこともあったそうです。「遺書」も書いてありました。

かなり深刻な状態です。

清水さんは、スダチの支援を受けて行動しました。「11時頃に起きて、食事は食べたり食べなかったりで、スマホを夜遅くまで見ている」という**生活を改め、生活リズムを元に**戻しました。スダチのサポーターと清水さんとで入念に打ち合わせをしたうえで、**不登校の間はスマホは見ない**ルールも実行。

そして、**ちょっとしたことでも褒める、良い声かけをする**というように心がけました。娘さんはみるみる変わっていったそうです。体調不良もなくなり、心も元気になりました。

そして、再び元気に学校に行くことができるようになりました。トラブルになったクラスメイトのことを尋ねてみると「自分から離れていく子のことは、気にしないことにした」。また変な噂を流されたとしても「なんか言ってるわ〜くらいのもん」と言います。

清水さんは、娘さんの成長に驚きました。いまはまた部活も委員会も頑張っており、1日も休んでいないそうです。

不登校のときの生活をあのまま続けていたら、どうなっていたでしょうか。生きるエネルギーが溜《た》まるどころか、どんどん失われていったのではないかと思います。

そう考えると怖いですね。でも、学校に行けなくなった子に対しては、「好きなようにさせる」のがいまの主流です。とくに**「死にたい」などネガティブな発言がある子には腫《は》れ物に触るような接し方になることもあり、負のスパイラルに陥《おちい》ってしまいがち**です。

これを断ち切って、前に進むことが必要だと思います。

▼体験談1

Aさんご夫婦

「学校が怖い」「日直をやりたくない」HSC傾向のある小2女子

3か月不登校→23日で再登校

体調不良で学校を休んだあと、「学校に行きたくない」

小学2年生の娘が「学校に行きたくない」と言い始めたきっかけは、体調不良等で学校を休んだことです。4月にはインフルエンザで1週間欠席し、登校できるようになってから学校に行くのをいやがりました。でも、このときは私が学校に連れて行けば登校できていたんです。

本格的に登校できなくなったのは、6月末に胃腸炎で学校を数日間休んだあとのことです。「日直をやりたくない」と言って学校に行けず、7月はすべてお休みし、そのまま夏休みになってしまいました。

また元気に学校に行けるようになってほしいという気持ちが強かったのですが、

スクールカウンセラーの方からは「2年生になって環境が変わったことと、体調が悪かったことが重なって、疲れが溜《た》まっているんですね。しばらく様子を見ましょう」と言われました。

どうすればいいんだろう。何をすれば、娘はまた学校に行けるようになるんだろう。焦《あせ》ってはいけないと思いながらもモヤモヤが消えず、不安でいっぱいでした。そもそも学校に行けない理由も、これといって明確なものが見つかりません。いろいろ調べているうちに「ＨＳＣ」（Highly Sensitive Child の略。非常に敏感で繊細な気質の子を指す）について知りました。本を読んで調べた限りでは、娘はＨＳＣの傾向があるようでした。娘は「学校が怖い」と言います。刺激に対して人一倍敏感なので、学校でのさまざまな刺激に対して怖いと感じたり疲れすぎたりしてしまうのです。

ただ、ＨＳＣは明確な診断がされるわけではありません。学校に伝えて、必要以上に気を遣ってもらうのも良くないのではないか……などと、悩みました。ＨＳＣは不登校になりやすいそうですが、どうすれば再登校できるのかはわかりませんでした。

さまざまな情報を調べる中で見つけたのがスダチでした。出口が見えないように感じていた私たち夫婦は、「3週間で再登校できる」とキッパリ打ち出しているところに期待感を持ちました。

「やりたいことをやらせてあげよう」という子育てを見直す

平日、小学2年生の娘を一人にするわけにはいかないので私は休職していました。この時間を無駄《むだ》にしたくないという想いがあり、いつも何かやることを探していた気がします。休日はどこかに出かけて体験をしたり、習い事を増やしたりしました。でも、不登校の間、やることのない娘が家で何をしていたかというと主にゲームです。ハマっていたゲームがあり、夫もゲームが好きだったのでコミュニケーションのネタになっていたということもあります。熱中できるものがあるのはいいことなのかなと思っていました。

私たち夫婦は、「子どもがやりたいことは、やらせてあげる」という方針で子育てをしていました。命の危険があるとか人に迷惑をかけることでない限り、本人の希望を尊重したいと思っていました。その延長に、デジタル依存があったようです。ゲームやYouTubeの時間を制限することはなく、娘は好きなだけデジタルに触れていたのです。

それが良くないことだったのだと、スダチのセミナー動画を見て気づきました。そして「私たちが変われば、この苦しい状況は変わるのかもしれない」と初めて思えたのです。

「やることがない！」癇癪を起こす

スダチのサポートを受けて、まず我が家のルール発表をしました。「いま学校に行けていないよね。やるべきことをやっていないのに、やりたいことだけできるというルールは社会に存在しないよね。学校に行っていない間は、ゲームもYouTubeもなしというルールでいこうと思うんだけどどうかな」。娘は反発することもなく、意外とすんなり受け入れました。

ただ、それまで遊びの中心だったゲームがなくなってしまったことで、やることがなくなりました。「何をすればいいの？」「遊びに連れて行ってよ！」と癇癪《かんしゃく》を起こすことがよくありました。もともと癇癪を起こしがちだった娘ですが、これまでにないほど強い癇癪です。叫んだり、床をドンドン叩《たた》いたり手が付けられないほどになったのです。

それまでの私たちは、娘が癇癪を起こしたらすぐに「どうしたの？」と手を差し伸べていました。でも、そういうときに話をしても効果がないことを教えてもらったので、動じないようにしました。心の中では動揺しているのですが、見た目だけは毅然《きぜん》とした態度でいるようにしたのです。すると、娘の癇癪は明らかに減っていきました。

そのほか、正しい褒《ほ》め方を実践し、コミュニケーションを増やしていくことで娘の表情が明るくなってきたのを感じました。

「学校が怖い」を乗り越えられた

娘の「学校が怖い」という気持ちはなかなか消えませんでしたが、「何が怖いのか一緒に考えてみよう、対処法も考えてみよう」とあれこれ話しているうちに、「あれ？　もう怖くないかも」と言ったんです。

ただ、気持ちが前向きになっても体が動きません。ランドセルを背負って玄関までは行けたけど、その先に進めないんです。私たちはチャレンジ自体を褒めました。「今日はここまで来れたね！」と言って、少しずつ学校までの距離を詰めていきました。そしてあるとき、朝はダメだったけれど「午後から行ってみる！」と再チャレンジ宣言。本当に学校に行けたのです。スダチのサポートを受け始めて22日目のことです。私たちは嬉《うれ》しくて涙が出てしまいました。

その日、学校から帰ってきた娘の表情は晴れやかでした。この経験が自信になったのでしょう。翌日からは朝からしっかり登校できるようになりました。いままでは、学校が楽しいようで休むことなく毎日元気に通っています。

娘は以前の状態に戻ったというより、「変わった」というほうがしっくりきます。新しいことへのチャレンジに前向きになり、積極的に外に遊びに行くようになったんです。学校から帰って来てすぐに宿題をすませ、「友だちと遊んでくる」と言って外に出るなんて、いままではありませんでした。夫婦で驚いています。

解説コメント

ＨＳＣ傾向と不登校についてはよく言われていることですが、この例のように、以前はいろいろ気になって疲れやすかったお子さんが変化し、あまり気にしなくなったという例は非常に多いです。確かに気質はありますが、周囲が必要以上に構えてしまえば可能性を狭《せば》めることになりかねません。「この子はＨＳＣだから」と決めつけてしまうことはあまり良くないと考えています。

Ａさんご夫婦の娘さんは、しばらく欠席したことをきっかけに学校が怖くなってしまいましたが、それを乗り越えることができました。お父さんお母さんの素晴らしい声かけにより、娘さん自身が「頑張ってみよう」という気持ちになったのです。そして、自分で課題を乗り越えた経験が大きな自信となりました。多くの方の参考になる例だと思います。

▼**体験談２**
シングルファーザーのＫさん
小３の初日から学校に行けなくなった小３女子
半年間不登校→32日で再登校

小学校入学の日に母親がいなくなり、娘の戦いは始まった

娘と一緒に暮らしているのは、父親である私と高校生の兄です。隣に私の両親が住んでおり、よく面倒を見てくれています。娘にとっての母親は、小学校の入学式の日にいなくなってしまいました。関係は良好ですが、別の場所で暮らし始めたのです。ですから、娘の戦いは小学校入学の日から始まっていたのだと思います。

それでも、最初のうちは元気に通えていました。２年生の夏休み明けから学校に行きにくくなり、苦手な授業には参加できなくなりました。日によっては学校に行かないこともあります。そして、３年生の初日にクラス替えがあってからは「学校

に行きたくない」と言って完全に不登校になってしまったんです。

私はどうしていいかわかりませんでした。学校に行けない理由がはっきりしているわけでもありません。スクールカウンセラーの方からは「『学校に行け』とは言わないでください」と言われました。いろいろ本を読んで調べてみても、やはり「学校に行けとは言うな」と書いてあります。その通りにしてみたところ、娘は当たり前のように学校に行かなくなってしまいました。

ゲームばかりの日々に葛藤

私は日中、会社へ行っているので、一人で何をしているのかというとテレビとYouTube三昧《ざんまい》です。その様子を見た私の母が、「人気のゲーム機を買ってみたら」と提案をしてくれました。ゲームなら自分で何かアクションをするので、まだいいのではと思ったのでしょう。娘は面白いオモチャを手に入れてしまい、長時間それで遊ぶようになりました。

もちろん、ゲームがいいとは思っていませんでした。娘がゲームばかりやっていると、「いつまでやっているんだ」と怒ってしまうこともありました。でも、不登校について書かれた本には、ゲームを取り上げてはいけないと書かれています。本当にこれでいいのだろうかと思いながら、何もできないという状況です。外に連れ出したり楽器をやらせてみたりはしました。でも、ゲーム以外はどれも続きませんでした。やりたいことをやらせていれば、好きなことを見つけてくれるかもしれない。時間が経《た》てばまた学校に行く元気が出てくるのかもしれない。そんな淡い期待と葛藤《かっとう》を抱きながら過ごしていました。

私も悩んでいましたが、私の母はもっと真剣に悩んでいました。どうにか方法がないのかと探している中で、私の母がスダチを見つけてくれました。

ルール発表に涙を流す

スダチのサポートを受けて、我が家のルールを決めました。朝起きる時間と、食事の後は食器を片付けることを決め、テレビやゲームは再登校できるようになるまでいったん制限することにしました。これまで好きなように過ごしてきた娘ですが、ルールに反発することは一切ありませんでした。

このルールを娘に伝えるとき、「お父さんはあなたのことを真剣に考えています。このままでは良くないと思ったので、ルールを決めました」と言ったんです。そうしたら、娘は何も言わずに涙を流しました。真剣に向き合ってくれたことが嬉しかったんだと思います。ルールを伝えている間は静かに聞き、「できそう?」と尋ねたら頷《うなず》きました。私は娘を抱《だ》きしめ「一緒に頑張ろう」と伝えました。

たくさん会話するようになって見られた変化

そして1か月半の間、毎日スダチのサポーターとメールのやりとりをしました。私の母が、日中の娘の様子をメールで送ってくれるので、それを見たうえで、毎朝5時に起きて30分ほどかけて前日の様子を書くという日課です。

私の母は、日中娘といろいろな会話をし、娘をたくさん褒めてくれていました。ただ、問題は私です。前日に私は娘とどんな会話をしたのか書こうと思っても、思い出せないのです。私の帰りが遅いので、帰宅後は15分くらいしか娘と話す時間がありません。朝も同じくらいです。会話が思い出せないというより、ほとんど話していなかったということでしょう。私は普段こんなに会話していなかったのかと気づきました。これではいけないと思い、積極的に娘と話をし、褒めるようにしました。娘が起きてきたらこの話をしよう、などと考えておいて話すなど工夫もするようになりました。

私の母の大きな助けもあって、娘の表情が明るくなってきたのを感じました。ある日突然、「習い事に一人で行ってみる」と言ったのには驚きました。それまで、学校にしても習い事にしても一人で行ったことはなかったのです。学校に行けていたときも、門まで私が必ず送っていました。私が出勤するときに玄関先まで出て来て抱きつき、「行ってらっしゃい」と言ってくれたのも嬉しい変化でした。

クラスの子に家に遊びに来てもらって不安を取り除いた

サポートを受け始めて1か月くらい経ち、娘は変化してきていたので、「そろそろ学校に行ってみようか」と声をかけました。そのときは肯定も否定もしなかったのですが、少しして娘が小さな声で「学校に行く」と言ったのです。でも、まだ怖い気持ちがあると言います。クラス替え後に行けていないので、友だちの中に入っていけるか不安なのです。そこで、クラスの子たちに声をかけ、週末に家に遊びに来てもらうことにしました。1~2年生で一緒だった子の親御さんに協力してもらい、10人近く遊びに来てくれました。水遊びをしたり一緒にクレープを作って食べたり、とても楽しい1日を過ごしました。

月曜日、不安ながらも私が教室前まで娘を連れて行くと、一緒に遊んだ子たちが廊下まで出て来てくれて、周りを囲むようにして一緒に教室に入っていきました。それからは学校に通うことができています。

正直なところ、娘はまた学校に行けなくなるときがあるのではないかと思っています。でも、私も、私の母も、娘が学校に行けなくなったらどうすればいいのかというヒントは得ています。だからそこまで怖くはありません。

サポートを受けている間に、私は自分自身が変わったという実感があります。ここで学んだことを大切にして、良い親子関係を続けていきたいと思っています。

解説コメント

Kさんは大変忙しい方です。時間のない中で本当に頑張ってくださいました。おばあちゃんも、孫を心配して一生懸命情報を集め、ネットで調べてスダチにたどり着いたというのですからすごいと思います。サポーターは厳しく感じるアドバイスをしたと思いますが、それも真摯《しんし》に受け止めて実践してくださいました。たとえば、日中家にいる娘さんが、隣の家にいるおばあちゃんに「あれをやって、これをやって」とお願いすることがありました。おばあちゃんとしては何でも言うことを聞いてあげたくなったでしょう。でも、愛情を持って接することと甘やかすこととは別です。おばあちゃんと1日中遊んで過ごしていては、デジタル機器を制限した効果もうすくなってしまいます。ですから、娘さんの呼び出しに何でも応《こた》えるのではなく、毅然とした態度でいてくださるようお願いしました。

シングルファーザーの方の事例は多くないのですが、Kさんがルールを伝えたときに娘さんが涙を流した話や、クラスの子たちを家に招いて一緒に遊んだ話など感動的なエピソードが多く、とても印象的です。

コラム　学校の先生からの手紙

ある日突然、北海道の小学校で生活指導主任をされているという方から私のもとにこんなメールが届きました。

「うちの小学校にも不登校の子が数名おりまして、なかなか再登校できない状況が続いています。不登校の子を再登校へ導くためにどうしたらいいのか、いままでいろいろな手を試しましたが、なかなかうまくいかず困っていました。

見守る・寄り添う・好きにさせる。

このような対応では、いっこうに不登校は解決はしないということはわかっていました。しかし、どうしていけばいいかわからなかったのです。私も以前から不登校の原因はデジタル機器への依存ではないかと考えていましたが、それは家庭の問題だから自分たちにはどうすることもできないなと半ば諦めていました。そんな中、スダチ様の発信に出会い、状況を打破するために多くの手立てを打っていることを知りました。YouTube の動画をすべて拝見させていただき、スダチ様の覚悟が伝わってきて非常に感激いたしました。いま不登校の子の親御さんと面談して不登校から抜け出すためにデジタル機器依存から脱却していくように話を進めているところです。

しかし面談を進めていくうえでいくつもの壁にぶつかっています。親御さんがなかなか自分の生活を変えられないのです。面談のときはデジタル機器のルールを考えたいと思いますとおっしゃっていたのに、その後ぷっつりと連絡が取れなくなる親御さんがたくさんいます。連絡が絶たれてしまうと、こちらの伝えたいこともきちんとすべて伝えることができません。そこで親御さんに、何が不登校を引き起こしているのかということをきちんと伝えられるように資料を自作しました。たとえ学校側と連絡が取れなくなっても資料を読んでスダチ様のホームページにつながればいいいな。そんな思いで資料を作成いたしました。不登校解決のために、スダチ様の活動を学校側からも支援できたらと考えています」

先生が自作されたという資料は１００ページ近くもある大作でした。スダチの

YouTube番組「不登校解決TV」をすべて見て、書かれたというのですから驚きです。不登校に悩む親御さんが読みやすいように、とても工夫して作られており、先生の熱意に頭の下がる想いがしました。

そして、学校の先生からも強いニーズがあると感じたことは、本書を出版する後押しとなりました。

先生は次のようなこともおっしゃっていました。

「昨今、さまざまな問題で学校の信頼が低下しています。しかし、学校のような公的機関側にも、子どもの自立を願い、本気で試行錯誤を続けている者がたくさんおります。それを信じていただけたら嬉しいです」

私は現場の先生方から不登校についての相談を受けることもあり、このように頑張っていらっしゃる学校の先生は多いと感じています。学校を批判する風潮もありますが、現場の先生は日々子どもたちに向き合い、多忙な中でも悩みながら試行錯誤しているんですよね。私たちも、こうした先生方をはじめ公的機関の方々とも一緒になって、子どもたちの未来のために頑張っていけたらと願っています。

＊こちらの先生からいただいたメール全文は、YouTube「不登校解決TV」の中で紹介しています。

第2章 ゲーム・スマホが問題を長引かせる

不登校とデジタル機器の相性は最悪

前章でもお話ししたとおり、スマホやタブレットなどデジタル機器にいつでも触れられる環境が、不登校を長引かせる要因になっています。

仮に**いまのようなデジタル機器がなかったら、少なくとも半数の不登校は解決するでしょう。**そのくらい大きな要因だと感じています。

私たちのところへ相談に来た方の例を見ても、ほとんどの子が不登校期間中にやっているのはYouTubeやTikTokなどの動画視聴やゲームです。

ただし、デジタル依存が先にあって、そのせいで学校に行けなくなったという子は多くありません。

「学校に行きたくない」と思ったきっかけが何であったにせよ、**学校を休んで家でゲームをやったり動画を見たりを続けているうちに、デジタル依存になる**子が多いのです。それまでは特別にゲームが好きなわけではなかった子でも、ヒマな時間をつぶせるものが近くにあれば、やりたくなるのが自然です。家事や仕事に忙しい親からすると、子どもにずっとかまっていられないのでスマホやゲームがあって助かるという面もあるでしょう。そしてデジタルにハマるにつれ、生活リズムは乱れ、昼夜逆転することも珍しくありません。家族のコミュニケーションも体を動かすことも減ってしまい、心身ともに不健康になっていきます。

デジタル依存の状態では再登校は遠のくばかりです。

私たちは、**不登校の子には基本的にデジタル機器からいったん離れるようにしてもらっています。**

学校に行くことができ、やるべきことがやれているのなら、ゲームもスマホも好きに使ってかまいません（家族で話し合って決めた時間内なら、ということですが）。しかし、**不登校の間は使用できないというルールを作る**のです。本来やるべきことは学校に行くことであるのにそれをせず、ゲームやスマホをずっとやっているのはおかしなことです。ルールについてはあとで詳しくお話ししますが、子どもからの反発がもっとも大きいのがこの「デジタル禁止」のルールです。

スマホやゲーム機が使えないことに怒り、泣き、ときには暴れたり暴力を振るったりする子もいます。

スマホ依存の恐ろしさ

スマホやゲーム機を取り上げられて暴れるというのは、すでに異常事態です。麻薬を取り上げられて暴れる麻薬中毒者のような状態になっているのです。

そんな大げさな……と思うかもしれませんが、決して大げさではありません。**スマホやタブレットは脳にドーパミンというホルモンの量を増やす**ことがわかっています。ドーパミンは、快楽、喜び、意欲をもたらす働きがあります。スマホにLINEの通知、SNSの通知などが届くたび、ドーパミンが増えます。スマホを見たい、確認したい衝動に駆られるのです。

もともとドーパミンは、十代の頃にもっとも活発に働き、興奮もその反動も大きくなります。その一方で、**子どもの「衝動を抑制する能力」は未発達**です。脳の前頭葉は衝動をおさえる力を司《つかさど》りますが、成熟するのには時間がかかります。25〜30歳になるまで完全には発達しないと言われています。

ですから、**衝動的になりやすく、抑制がききにくい子どもに対しては、ドーパミ**

ンが多く出るものは制限をするのが普通です。麻薬は当然ながら、アルコールやタバコ、ギャンブルなども制限されています。

ところが、「ヘロインに匹敵《ひってき》する」と言う人もいるほどの依存性の高さがあるスマホは、制限されていません。その結果、頻繁《ひんぱん》にスマホをチェックしないと落ち着かず、夜中にもスマホを見るなどして体調を悪くする子どもたちが増えています。

世界中でベストセラーとなった『スマホ脳』（アンデシュ・ハンセン著、久山葉子訳、新潮新書）には、アップル社幹部のトニー・ファデルの言葉が紹介されていました。

「冷や汗をびっしょりかいて目を覚ますんだ。僕たちはいったい何を創ってしまったんだろうって。うちの子供たちは、僕がスクリーンを取り上げようとすると、まるで自分の一部が奪われるような顔をする。そして感情的になる。それも、激しく。そのあと数日間、放心したような状態なんだ」（p.80）

IT企業のトップたちは、自分の子どもにはスマホを与えず、制限していることも知られています。スティーブ・ジョブズは、10代の子どもに対してタブレットの使用時間を厳しく制限していました。ビル・ゲイツは、子どもが14歳になるまでスマホは持たせなかったといいます。**スマホやタブレットが子どもに与える悪影響をわかっている**のです。

ハマり続けられるオンラインゲーム

いまの時代は、ゲームもとてもハマりやすくなっています。昔のゲームは、クリアしてしまえば基本的に終了でした。ゲームソフトも安くはなかったので、次々にソフトを買うというわけにもいきません。また、ゲーム機自体も大きく、持ち運びはできませんでした。

ところがいまは、無料から始められるオンラインゲームがたくさんあります。オンラインなので、クリアして終了ということもなく、常にイベントが追加され続けます。スマホで遊べたり、小型のゲーム機があったりするので持ち運びも容易。**いつでもどこでもゲームができる環境**です。ずっとハマり続けることができてしまうのです。

そして、スマホと同様、ドーパミンを出して依存しやすいように作られています。ちょうど良いタイミングでイベントやアイテムが追加され、それを確認したい衝動に駆られるのです。

さらに、ゲームの中では、失敗も許されるし、成長が実感できます。やればやるほど強くなり、ヒーローになることができるのです。私自身も以前はよくゲームをやっていたので、気持ちはわかります。**現実世界では失敗が怖くてチャレンジできず、成長が実感できず、周りに認めてもらえていない子ほど、ゲームにのめりこんでしまう**かもしれません。

ゲーム障害という依存症

WHO（世界保健機関）は、2019年5月に「ゲーム障害」を新たな依存症として認定しました。次ページのような症状が12か月以上続いた場合に「ゲーム障害」と診断されます。

①ゲームをやりたい衝動がおさえられず、使用を制御できない
②日常生活の何よりもゲームを最優先してしまう
③仕事や学業、健康等に支障をきたしてもゲームをやめることができない
④ゲームを継続することで、個人、家族、社会、学習、仕事等に重大な問題を生じている

この基準に照らして考えれば、**12か月以上にわたって不登校でゲーム漬《づ》けの生活をしている子は「ゲーム障害」**であると言えます。

ただし、**小中学生の場合はゲームを始めて数か月で重症になるケースも**多く、12か月経《た》っていなくても重症である場合は「ゲーム障害」の診断がおりることがあります。

気軽な気持ちで始めたゲームでも、不登校期間中に制限なくやり続けているうちに依存症となり、なかなか抜け出せなくなってしまうこともあるのです。当然ながら再登校どころではありません。

しかし、**不登校の悩みを持つ親に対して「ゲームが好きなら、やらせてあげてください」「取り上げてはいけません」というアドバイスが多いのが実状**です。辛《つら》い思いをして学校に行けなくなっている子どもから、好きなものを取り上げてはいけない。好きなことをやっているうちに元気を取り戻すはずだ、という論理です。これはなかなか否定するのが難しいですよね。親御さんは「本当にいいのだろうか」と疑問を持ちつつも、好きなようにやらせることにします。

そして昼夜逆転したり、体調が悪くなってきたりした頃に、「さすがにまずい」と思ってゲームを取り上げようとすると、暴れて大変なことになってしまうのです。

不登校をきっかけに、デジタル制限をなくす家庭も

「ゲームは1日1時間まで」「夜9時以降はスマホやタブレットは見ない」のように、デジタル機器の使用についてルールを決めていたのに、不登校をきっかけに制限をなくしてしまう家庭も多いです。子どもが不登校になってしまったことで、

「やりたいことを制限していたのがいけなかったのかな」「いまは充電期間だから、好きなことをやらせてあげないと」と思ってしまうのでしょう。

自分を責め、子どもに気を遣うようになる親御さんはとても多いのです。

でも、不登校の子にゲームやスマホを思う存分やらせてあげても、状況は改善しません。逆です。デジタル制限どころか、**いったんデジタル機器から子どもを完全に離してあげるほうが改善する**のです。

ただ取り上げればいいわけではない

私たちは、不登校の子にはデジタル機器から離れてもらうように伝えていますが、ただ取り上げればいいというわけではありません。

正しい親子関係が築けていない状態でスマホやゲームを取り上げた場合、親子関係が悪くなってしまいます。

たとえば、日ごろから厳しいばかりで、愛情が伝わっていない場合、スマホやゲームを取り上げられた子どもは、「この親は何もわかってくれない。何を言っても厶ダだ」と絶望するでしょう。

逆に、日ごろ甘やかされている子どもは、泣きわめいたり暴れたりすることで思い通りにしようとします。たとえスマホやゲームにさほど魅力を感じていなかったとしても、「親が自分の言うことを聞いてくれない」ことに怒り、どうにかして自分の言うことを聞いてもらおうとします。**暴力を振るったり、家のものを壊したりするほか、「死んでやる」「この家を出ていく」と言うなどする**のです。

そういうとき、**多くの親は慌ててしまい「それなら返す」と言って子どもの要求をのみたくなる**でしょう。

しかし、それは一番やってはいけないことです。

子どもは「この親は、暴れれば（死ぬと言えば）言うことを聞いてくれる」と思い、ますますそのような行動をとるようになります。**社会では容認されない行動であると、親はきちんと教えなければなりません。**思い通りにいかない相手に対して暴力を振るえば犯罪ですし、自殺をほのめかしても相手が動かないとなれば「本当に死んでやる」と思ってしまうかもしれないのです。

このように、中途半端な状態でスマホやゲームを取り上げると、状態が悪化することがあると知っておいてください。

子どもに愛情をめいっぱい伝えながら、ダメなことはダメと言う、信頼できる親としてルールを伝えるべきなのです。

逆に言うと、「デジタル禁止ルール」は正しい親子関係を取り戻すチャンスにもなります。きちんと手順を踏んで行えば、親子関係が良くなります。

不登校家庭でのデジタル禁止ルール

不登校に悩んでいる親御さんには、デジタル禁止を含めた「家庭のルール」を作ってもらい、お子さんに発表してもらっています。

ルールはその家庭の状況に合わせて決めていきますが、**基本的にデジタル機器に関しては、「学校に行っていない間は一切触ることができない」ようにします。**登校した日（スダチでは、朝から放課後の時間まで元のクラスに行けた日のことを言います）が3日ほど続き、安定した様子ならその日の夜から触ってOKですが、五月雨《さみだれ》登校の場合など、3日連続で行けただけではデジタル機器に触れられるのが適切でない場合もあります。

ルールを伝えるときには、まず、子どもに現状についてどう思っているのか聞いたうえで、このルールが必要な理由を説明します。

「○○は学校のことやこれからのことをどう思っている？」

（子どもの返事）

「そうなんだね。学校に行かなくちゃいけないなって思っているんだね。そう思っているることが確認できて良かった。でも、○○ならわかると思うけど、やるべきことをやらずに、好きなことだけやるというルールは社会に存在しないよね。この状況が続いていいわけがないと思うでしょう？」

場合によっては、これまで制限をすることなくゲームやスマホをやらせていたことを謝る必要があるかもしれません。親御さんが真剣にお子さんのことを考えて、このルールにたどり着いたことを話してください。

そもそも**「やるべきことをやらずに、好きなことだけやっていればいい」などと子どもに教えてしまったら、将来困るのは子ども自身**です。ですから、保護者として、子どもの状況・状態に合わせて、なぜこの「家庭のルール」が必要なのかを話すと良いでしょう。

このルールを守ることができるよう、家族全員で協力します。**家の中では、お父さんもお母さんも子どもの前ではデジタル機器に触れません。**テレビやゲームは撤去してしまいましょう。スマホも見ません。どうしても見る必要がある場合はトイレの中で見るなどして、**子どもの前では使わない**ようにします。

デジタル依存の子の前で、親が自由にデジタル機器を使っているのを見せるのは酷《こく》というもの。麻薬中毒者に麻薬を見せていると考えればわかりやすいでしょう。きょうだいにも協力してもらわなければなりません。「私は学校に行っているのに、なぜ禁止されなければいけないの?!」と不満は出ると思います。でも、家族みんなで乗り越えるべきことなんだと話して、協力をお願いしてください。

この家庭のルール作りと発表、そして子どもからの反発への対応などについては、第3章で詳しくお話しします。

プロゲーマーやYouTuberになりたいと言われたら

いまは「プロゲーマー」や「YouTuber」という職業があります。「大好きなゲームの世界でプロになりたい」「面白い動画を作って生活したい」という夢を持つ子もいるでしょう。

不登校の子の親御さんの中には、「夢を応援してあげたいから、ゲームやスマホを取り上げることはできない」と悩む方もいます。

もちろん子どもの夢は応援したいですよね。

でも、**学校に行かずにゲームをやったり、動画を見たりすればプロになれるというわけではありません。**不登校からプロになったという経歴の人はいるでしょうが、少数であるはずです。むしろ、「プロを目指すなら、社会性を身に付けなさい」と言う人が多いのです。

たとえば、日本で初めてプロゲーマーになった梅原大吾《うめはらだいご》さんは、プロゲーマーになりたい子に対してのアドバイスを求められたときに、**「本当にゲームを選んで**

やっているのかが大事」と言っています。**何かうまくいかないことから逃げてゲームをやっていても、ゲーム業界の中でまた必ずうまくいかなくなる**と言うのです。梅原さんは、他に何をしてもいい自由な状態で「ゲームがやりたい」と思って選んだから、辛いことでも乗り越えられたそうです。

また、もう一つ大事なアドバイスは「働け（やるべきことをやれ、という意味）」です。梅原さんのご両親も、梅原さんが学校に行ってやるべきことをやってさえいれば、いくらゲームにハマっていても何も言わなかったそうです。**自立に向けてちゃんとやっていれば、大好きなゲームをやることに誰も文句は言いません。**周囲の目を気にすることもありません。それこそが幸せではないだろうか、と言うのです。

不登校のお子さんがプロゲーマーやYouTuberになりたいと言ったら、**「あなたの夢は応援するけれど、学校に行きながら目指せばいいんだよ」**と教えてあげてください。やるべきことをやったうえでなら、親御さんも迷わずに応援できますよね。

ただ、「プロゲーマーになりたいから、ゲームをやらせてくれ」と言っていた子が、再登校後はゲーム、ゲームと言わなくなったというのもよくある話です。家にいるだけの状態ではゲームが最高の楽しみだったけれど、外に出たらもっと面白いものに気づいたのでしょう。それはそれでいいことです。ゲームが本当に好きだと思ったら、学校に行きながらプロを目指せばいいし、別の夢を見つけたらその夢に向かって頑張ればいいのです。

子どもが自ら離れることはできない

「子どもが自らゲームをやめてくれるようにしたいのですが、どうすればいいのでしょうか」

そのような質問をいただくことがあります。

思う存分ゲームをやったら、あるとき「もういいや」と思って自らやめてくれるのではないか。何か良い声かけをすることによって、子どもが自ら気づいて、デジタル機器から離れてくれるのではないか。

そう思いたい気持ちはわかります。

しかし、残念ながら**子どもが自主的にデジタル機器から離れることはほぼありま**

せん。ゲームもスマホも、世界中の天才たちが人間の脳や行動のパターンなどをわかったうえで「夢中になるように」作っているのです。大人だって自制するのが難しいのに、子どもに自制を期待するのは酷《こく》というものです。

ですから、大人がきちんとルールを作ってあげることが必要です。

デジタルに触れる時間が長いと、成績も悪くなる

やるべきことをやったうえでなら、私たちはゲームもスマホもとくに制限を設けているわけではありません。**毎日学校へ通い、宿題や習い事をやったうえで、空《あ》いた時間に好きなことをやるぶんには問題ない**と考えています。娯楽として使うほか、ゲームや動画で学べることもあるでしょうし、コミュニケーションに必要なこともあるでしょう。インターネット検索も大事なスキルです。

ただし、**デジタルに触れる時間が長いことは、子どもにとって望ましいとは言えません。**

スマホと学力の関係を調べた「学習意欲の科学的研究に関するプロジェクト」の

数学の点数と、家での勉強時間、スマホを使っている時間の関係

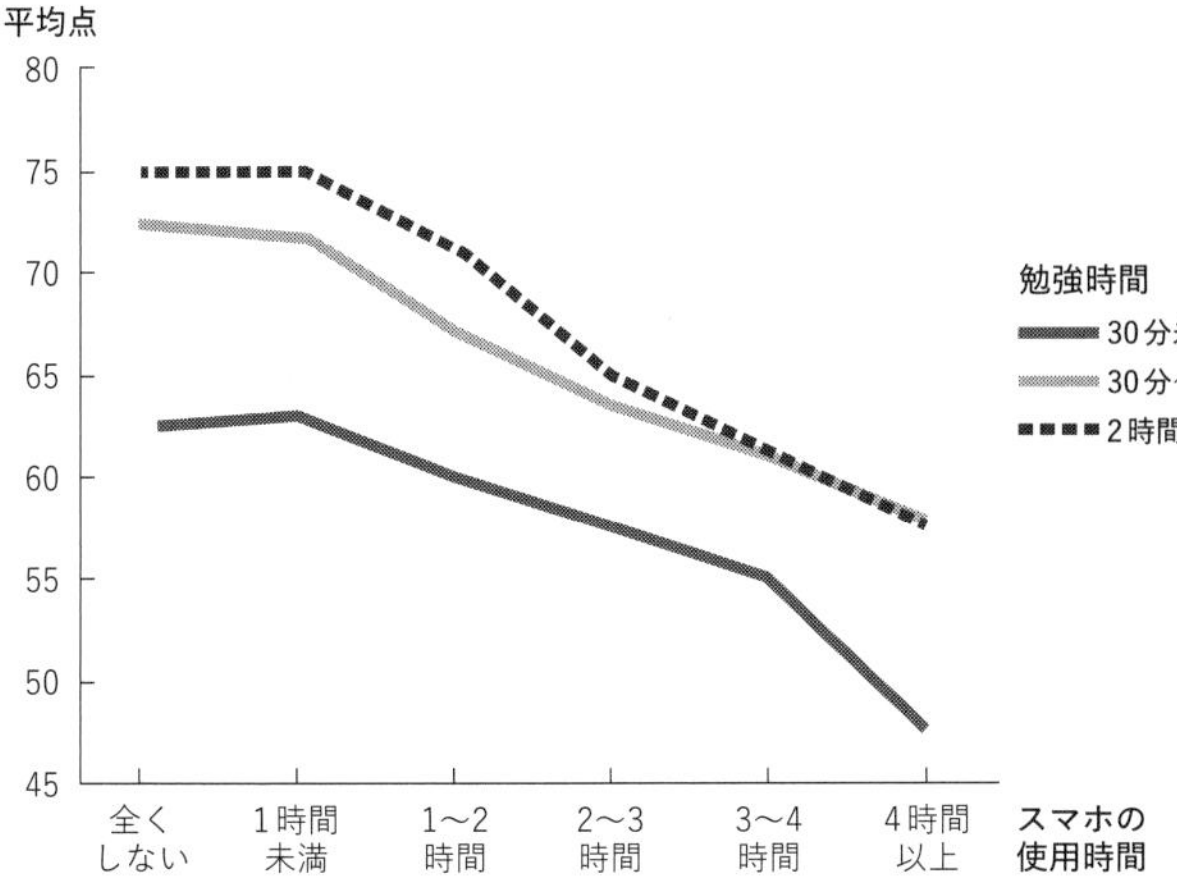

平成25年度仙台市標準学力検査等から

調査（東北大学加齢医学研究所、仙台市教育委員会、平成25年）によると、家で毎日2時間以上勉強している子がスマホを1時間未満しか触っていなければ平均点（数学）は75点。ところが同じように家で2時間以上勉強していても、スマホを4時間以上触っていれば平均点は58点です。**スマホの時間が長ければ成績が下がってしまう**のです。しかも、勉強は30分もしないけれど、スマホを触らない、またはスマホを持っていない子の平均点は63点でした。毎日2時間以上勉強しているのに、スマホを長時間触っている子は、勉強をあまり

していない子よりもさらに成績が悪いという結果です。

また、東北大学の川島隆太《かわしまりゅうた》教授が仙台市の小中学生を対象に3年間、脳の発達についてMRIで観察したところによると、**ほぼ毎日インターネットを使う子どもたちは、大脳灰白質《かいはくしつ》（大脳皮質）の発達が止まっていた**そうです。

スマホやタブレットを高頻度で使っていれば、脳の発達そのものが止まってしまうため、勉強しても学力が上がらないのは当然だといいます。

このように、**子どものデジタル機器使用は、依存しやすさの問題だけではなく、脳の発達にも影響がありそう**なのです。

不登校かどうかにかかわらず、無制限にスマホやタブレットを触り放題にするのは危険です。親子で話し合って一定のルールを決めるなどし、上手な付き合い方を探っていきたいですね。

デジタル制限の例

ここで一つの例として、ご相談者の佐藤さん（仮名）が行ったデジタル制限をご紹介しましょう。

佐藤さんの息子さんは小学3年生。学校に行ってはしばらく休むという五月雨登校が続いていました。学校を休んだ日はデジタル禁止のルールを発表し、最初は大暴れしたそうです。しかし、お母さんは毅然《きぜん》とした態度で応じたため、暴れることもなくなっていきました。

ところが、夏休みに入ってまた大暴れする日がありました。夏休みなので、宿題などやることをやったらデジタルOKにしていたのですが、「ちょっとやり過ぎなのでは？」「そんなにやっていないよ！」という言い争いになりました。佐藤さんご夫婦は**「本当にルールを守っているのか？」と疑いの目を向けてしまった**のですね。それをきっかけに、暴れて手が付けられなくなってしまいました。

これを反省して、佐藤さんは**「デジタル券」**というものを作りました。**無用なケンカや疑いを避けるためにはきちんとしたルール、仕組みが必要**だと学んだからです。

デジタル券は、1日あたりゲーム・YouTubeは30分×2回（連続ではなく2回に分ける）、アニメ・DVDは1時間と設定。トータルでは1日2時間ですね。この券を使用するときにはタイマーできちんと時間をはかるようにしました。親御さんはスマホのタイマーを使い、息子さんも別のタイマーを持って、同時にスタートボタンを押します。こうすれば、同時に終了の合図がなるので息子さんも納得します。息子さんは「そうだね、こういう仕組みが必要だよね」と素直に聞き入れてくれました。

それ以来、「やり過ぎなんじゃないの？」と疑うこともなくなり、親子喧嘩《げんか》がなくなったそうです。

学校に行くことができている日や休日のデジタルとの付き合い方として、参考になる例ではないでしょうか。

何もしない時間を作ろう

この章では、とくにデジタル機器についてお話ししてきましたが、デジタル機器でなくても、**不登校期間中に「依存しているもの」「ヒマをつぶし続けられるもの」があった場合は、離れてもらう**必要があります。

漫画を読むことや、お絵かきなどです。短時間ならかまいませんが、学校に行っていない間の時間すべてを漫画にあてているようではいけません。それではデジタル依存による不登校の長期化とあまり変わらなくなってしまいます。

好きなことは、学校に行けるようになってからやればいいのです。

それでは、**学校に行かない時間は何をしたらいいのでしょうか？**

何もしなくていいのです。

「何もやることがない」ということが大事なのです。やることがなければ、子どもはいろいろと考えます。

「いま学校ではみんな何をしているのかな」

「いつまでも家にいて大丈夫かな」

学校のこと、将来のことなどを自然と考えるでしょう。そして、自分なりにいまの状況を変えたいと思うようにもなります。

学校のこと、将来のことを考えて不安になり、落ち込みすぎてしまうのではないかという心配もあるかもしれません。そうはならないよう、親は子どもに愛情をたっぷり注《そそ》ぎ、たくさん褒《ほ》めて支えてあげます。正しい親子関係が築けていれば、大丈夫です。**ヒマな時間をつぶして目を背《そむ》けさせるのではなく、向き合っても大丈夫な環境を作りましょう。**

ただぼーっとしているようでも、その時間が大事なのです。**現代の子どもたちは忙しすぎて、ぼーっとする時間が足りない**と言われています。**ぼーっとしているとき、脳の「デフォルト・モード・ネットワーク」という神経回路が活発**になります。この神経回路は、**自己認識、記憶、ひらめきなどに関わっている**ようです。ぼーっとしたときにいいアイデアがひらめくというのは、わかりやすいですよね。お風呂に入ってリラックスしているときや、何も考えずに散歩をしているときなどにアイデアを思いついた経験のある人も多いのではないでしょうか。

現代は、大人もヒマさえあればスマホを見たりネット検索をしたりして、ぼーっとする時間が減っていますが、意識的に何もしない時間を作ることも大事です。脳の疲れがとれてストレスが減り、自己認識が高まったり、記憶力が良くなったりもするのです。

コラム　不登校の子におすすめしたいアナログゲーム3選

この章でお話ししたように、不登校の子にはデジタル機器から離れてもらうことが重要です。ゲームが好きな子でも、デジタルゲームは禁止です。その代わりにおすすめしたいのはボードゲームです。家族のコミュニケーションの一つとして取り入れてみてください。

ボードゲームにもいろいろありますが、ここでは**「家族みんなでできる」「安価ですぐに始められる」「子どもにとって学びになる」**という観点で選んでいます。

●ワードウルフ　3人～

与えられた「お題」についてみんなで雑談をする中で、多数派（市民）とは別のお題を与えられている少数派（ウルフ）を見つけ出す、正体隠匿《いんとく》系のコミュニケーションゲームです。

たとえば、多数派のお題が「うどん」、少数派のお題が「そば」だった場合（4

人家族でやるなら、3人が「うどん」で1人が「そば」）、「最近いつ食べた？」とか「一度打ってみたいよね」などと会話をしながら、他のメンバーがどっちなのかを推理します。少数派は、自分が少数派だとわかったら、それがバレないようにウソをつくなどしてうまく多数派にもぐりこまなくてはなりません。多数派は、自分が多数派であることをアピールして仲間の信頼を得つつ、少数派を見つけて追放することができれば勝利です。

ゲームに勝つためには、上手に質問をして情報を引き出す必要がありますし、与えられたキーワードから「抽象化」したり「具体化」したりして会話をしなければなりません。子どもから大人まで楽しめるうえ、**高度なコミュニケーション力を使った遊び**であるのがおすすめしたいポイントです。

●人生ゲーム　2人〜6人

誰もが一度は遊んだことがあるのではないでしょうか。ルーレットを回してコマをすすめながら、就職や結婚、家の購入など人の一生になぞらえたイベントをこなしていくゲームです。

人生ゲームは、**人生や将来の夢について考えるきっかけになる**のがおすすめしたいポイントです。もともとこのゲームは、「お金をしっかり稼いで自立する」ことを子どもたちに伝えたいという想いを込めて作られたそうです。マスに書かれているイベントも時代に合わせてアップデートされており、「料理配達の副業でいくら稼いだ」「映《ば》える昆虫食を考案」など社会トレンドを学ぶこともできます。ぜひお子さんと会話しながら、ゲームを楽しんでほしいと思います。子どもは会話を通して成長していくものです。

学校では習わない、お金、株、保険などについて考えられるのもいいところです。親子で学ぶきっかけにしてみてください。

●トランプ　1人〜

たった1セットのカードで、**無限に遊びのパターンがあるのが素晴らしい**ところです。ババ抜き、七並べ、大富豪、神経衰弱、スピード……。これらは家族で遊べばどれも盛り上がって楽しいですよね。

そのうえ、**1人で遊ぶこともできます。**たとえばソリティアは面白く、奥が深いゲームです。トランプを使ったマジックを覚えるのもいいかもしれません。覚えたマジックを家族の前で披露《ひろう》してもらえば、それは子どもを褒める機会になります。褒めるときには、マジックの成果を褒めるのではなく、マジックができるようになるまで努力した過程を褒めてあげましょう。

●番外編　オセロ　2人

誰もが知っており、気軽にできるオセロ。少しコツを学べば、短期間で強くなることができます。親子でオセロが強くなるコツを調べて、実践してみるなんてどうでしょうか。**子どもでも成長を実感しやすく、自信を持つことができる**のでおすすめです。

第3章 最短で再登校に導ける「5つの条件」

押さえるべき「5つの条件」とは？

繰り返しになりますが、不登校の子を無理やり学校に行かせればいいわけではありません。自ら「また学校に行ってみようかな」「チャレンジしてみよう」と思い、実行にうつすことができるようになることが重要です。

そのために整えなければならない条件が5つあります。

①子どもの自己肯定感を高める
②正しい生活習慣に戻す
③正しい親子関係を築く
④考える時間を与える
⑤しなやかな考え方を教える

一つひとつ説明していきましょう。

①子どもの自己肯定感を高める

不登校の子は「学校に行けない自分はダメだ」「自分が悪いからこうなってしまったのだ」など**罪悪感を持っており、自分を肯定することができない**でいます。自分に自信を持てず、前向きな気持ちになれません。辛《つら》い現状を打破するには、自己肯定感を高めることが必要なのです。

お父さんお母さんは、お子さんにたっぷり愛情を注《そそ》いであげてください。たくさん褒《ほ》めたり、お子さんの年齢によってはスキンシップを取ったりすることで愛情を感じさせてあげてください。スダチでは親御さんに**「1日10回以上褒めてください」**とお願いしています。

褒め方のコツは第5章でお話しします。

②正しい生活習慣に戻す

学校に行っているときは、朝はきちんと間に合う時間に起きて、夜は早めに寝ていたはずですよね。

ところが、不登校の子の多くは夜遅くまで起きていて朝起きることができず、ひどい場合には昼夜逆転しています。食事をとる時間もまちまちになり、食欲も出なくなります。生活習慣の乱れは心身ともに悪影響があります。

生活習慣が乱れたままでは、元気が出ません。正しい生活習慣は必須《ひっす》です。

起床時間は、学校に間に合う時間を設定します。学校に行っていたときは朝6時半に起きていたというなら、6時半です。そして、朝ごはんを食べましょう。食欲がなければ、飲み物だけでもかまいません。家族と一緒に食卓につくようにします。

就寝時間も決めて、夜はしっかり眠ります。睡眠時間が短いのは良くありません。**理想的な睡眠時間は、小学生9～11時間、中学生8～10時間**と言われています。たとえば夜9時半に寝て朝6時半に起きれば睡眠時間は9時間確保できます。

朝起きたら、朝日を浴びるようにしましょう。朝日を浴びるとセロトニンという神経伝達物質が分泌《ぶんぴつ》されます。セロトニンは心身の健康に欠かせないホルモンです。朝10時までに太陽の光を浴びると、セロトニンがじゅうぶん分泌されて体内時計がリセットされると言われています。夜になると眠くなり、睡眠の質も良くなるのです。

③正しい親子関係を築く

ダメなことはダメと伝える厳しさもありながら、愛情深くあたたかい親として接します。**家庭の主導権を握るのはあくまでも親**です。保護者として子どもを守り、愛情を持って正しく導くことが必要なのです。すでにお伝えした通り、正しい親子関係を築くことができていないと、子どもへの愛情も伝わりにくくなります。子どもは褒められてもあまり嬉《うれ》しいと感じません。頼りない親だと感じれば、頼ったり相談したりすることもできません。

子どもを尊重しようと思うあまり、**子どもの言いなりになってしまっている場合は、主導権を取り戻す努力**をしましょう。「こうありたい」という家族像に向けて**家庭のルールを決めて、その理由も含めてきちんと伝えることは効果的**です。

正しい生活習慣に戻すために、起床・就寝時間を決めたり、不登校の間はデジタル禁止にしたりというルールをおすすめしています。

④考える時間を与える

現代の子どもたちは、ゆっくり考える時間を持つことが少なくなっています。不登校の子は何もしない時間が多いはずですが、スマホを見たりゲームをやったりしていると、考える時間はなくなります。考えずにラクなほうへ流されている状態では、また学校に行ってみようという気持ちは起こらないのです。

自分と向き合い、これからのことについて考える時間を意図的に作ってあげましょう。不登校の間はデジタルを禁止するだけで、ほとんどの子はやることがなくなります。そして自然と考えるようになります。**「考えなさい」と言う必要はありませんし、考えることを促すような取り組みも必要ありません。**

親の愛情がしっかり伝わっている状態なら、自分と向き合うことも恐れる必要はありません。

⑤しなやかな考え方を教える（マインドセット）

不登校の子は、「○○は××だ」のような思い込みがあったり、ものごとを硬直した捉《とら》え方で見ていた状態になっている場合が多いです。

たとえば「挑戦は怖いことだ」といったようなことです。

一つの考え方に固定されると、ものごとの明るい面が見えなくなってしまいます。挑戦は怖い面があるのは確かです。失敗して恥ずかしい思いをするかもしれません。でも、それだけではないはずですよね。簡単ではないからこそ「挑戦には価値がある」のです。怖さを乗り越えた先には大きな成長があるでしょう。「失敗したらまた挑戦すればいい」「自分には挑戦する力がある」と思うことができれば、怖さも減ります。

また、「頭の良さは決まっている」という思い込みがあれば、できないことは避けたいと思うでしょう。でも、「知性は発達させられる」と思っていれば、いまはできないことも挑戦すればできるようになると思えます。

不登校についても「学校に行けていない自分はダメだ」と思うのではなく、「これを乗り越えられたらすごいぞ。成長できる」と、しなやかに考えられるようになってほしいのです。

しなやかな考え方を基本に置くことを「マインドセット」と呼んでいます。

ネガティブな出来事も、捉え方次第です。

まずは**親自身がポジティブな捉え方をすることが大事**です。そして、子どもにポジティブな声かけをしてください。「たとえ失敗しても、挑戦したことがかっこいいよね」といったことを日々話してもらうイメージです。

子ども自身がしなやかに考えることができているときは、どんどん褒めましょう。

これを続けることで、必ず変わります。

再登校できるようになるだけではなく、これからの人生で出会うさまざまなトラブルを乗り越える力になるのです。

スダチに相談に来る方は再登校を目標としているわけですが、学校に行く・行かないを超えて、「しなやかな考え方」が身についたことが、これからの人生にとって良かったと言ってくださいます。ものごとの捉え方が変わることは、お子さんにとっても親御さんにとってもプラスになるということなのです。

家庭のルールづくり

再登校に向けてまずやるべき具体的なアクションは、夫婦で話し合って家庭のルールを決めることです。

ルールは各家庭の状況によって変わりますが、次の3点については基本事項としてぜひ入れてください。

①学校に行かない日は、スマホ、タブレット、ゲームをはじめデジタル機器には一切触れない（デジタル禁止）

②朝◯時に起きて、夜◯時には布団に入る（正しい生活習慣に戻す）

＊休日はゆるめても良い

③朝食と夕食は家族で一緒に食べる（家族のコミュニケーションの時間を確保する）

生活リズムが乱れている子は朝に食欲がないことがありますが、家族と一緒に食卓につくだけでもかまいません。食事の時間は家族のコミュニケーションの時間として確保しましょう。親の帰りが遅くて夕食が一緒にとれない場合でも、親の夕食の際に子どもにはデザートを用意するなどして食卓についてもらうようにします。

そのほかお手伝いを盛り込むのもいいでしょう。

こうしたルールは「褒めるきっかけ」にもなります。家にいるだけだとなかなか褒めどころが見つからないという方は多いですが、ルールを守れたら褒めることができますよね。

また、不登校で運動不足になっているケースは多いので、**運動についての項目を入れるのもいい**でしょう。とくにおすすめしているのは朝の散歩です。

ただし、ルールが多すぎて守ることができずに、自己肯定感が下がってしまっては良くありません。**最低限のルールでOK**です。

ルールを決めたら、紙に書き出しておいてください。

ルールの例

①登校できていない場合、デジタル機器の使用は禁止する
②夜22時に就寝　朝6時30分起床
③朝食、夕食は特段の事情がない限り家族そろって食卓で食べる

＊朝から放課後まで3日間登校できた場合のデジタル機器使用時間は、別途家族で話し合って決める

ルールを発表する

ルールを決めたら、発表します。落ち着いて話ができる時間を選んでください。できれば夫婦そろって伝えたいですが、お父さんの仕事の帰りが遅いなどで時間がとれない場合は、お母さんが伝えるということでかまいません。いずれにしても、**ルールは家族で共有**します。きょうだいにはあらかじめ伝えて、協力をお願いすることも必要です。

「これまである程度好きにさせてきたけど、ずっとこのままというわけにいかないからお父さんとお母さんで話し合って、デジタル機器のことや生活習慣についてルールを決めました。いまから一つひとつ読み上げるから、よく聞いてね」

など、親御さんが、**お子さんのことを真剣に考えて作ったルールなのだということ**

とを最初に説明してください。「スダチという不登校支援機関の人に言われて作った」のように、第三者の存在を知らせるのはマイナスです。「本を読んだり、専門家の意見も聞いたりして、考えて作った」ということならいいですが、あくまでも**ルールを考えて決めたのはお父さんお母さんであることをきちんと伝えましょう。**

ルールを発表する際、お子さんがちゃんと聞いてくれればいいですが、「急に何言っているの?」「ルールなんてイヤだよ」と文句を言って聞きたがらない場合がほとんどです。それでも大丈夫です。動じることなく、淡々と読み上げてください。

そして、ルール開始日を伝えます。**3日間ほど猶予《ゆうよ》期間を置いた日付**です。その間に子どもはルールと向き合い、考えることができます。デジタル機器に触りながらでも「あと2日でできなくなっちゃうのか……。これがなくなったら、どんな生活になるんだろう?」などと、いままでの生活を振り返ったり、これからを想像したりしてみるはずです。

「あんなふうに言っていたけど、本当かな?」

まだ半信半疑の場合も多いと思います。

親御さんは、この猶予期間の間にデジタル機器撤去《てっきょ》の準備を粛々《しゅくしゅく》と進めてください。デジタル機器は日常生活に深く入り込んでいますので、撤去するのも大変だと思います。ゲーム、スマホの回収、テレビの撤去、ネットフリックスなどサブスクの解約などが必要になるでしょう。**親御さんが準備している様子を見て、子どもも「本気なんだ」と理解する**ことになります。親の本気度を伝えることは大事です（デジタル禁止は慎重に行う必要があるのでくれぐれもご注意ください）。

なお、**ルールを書いた紙は壁に貼り、家族みんなが見えるように**します。

ルール発表
落ち着いて話せる時間にルールを発表
（ルールを作った理由を説明）
←
ルール開始日の発表
（3～4日の猶予期間を作る。木曜日に発表して、翌週月曜日開始など）
←
ルールを壁に貼り出す

ルールの実行

ルールと向き合う時間が過ぎ、開始日がきたらルール実行です。

起床時間に起きてこなければ起こし、朝食の食卓につかせます。登校できなければ、ルール通り一切のデジタル機器使用を制限します。

……と言うのは簡単ですが、実際のルール実行は大変なことが多いと思います。

子どもはこれまでの経験から「お父さんお母さんは口ではああ言っていたけど、本気じゃないだろう」と甘く考えていることがあります。「暴れればルールを撤廃してくれるだろう」と思っている場合もあります。

実際に**デジタル機器を取り上げられると泣きわめいたり、暴れたりする事例が多くある**のです。

親御さんの中には、子どもが泣いている姿を見て「ここまでする必要があるのだろうか」と、決意がぐらついてしまう人もいます。普段はおとなしい子が強い態度に出て暴言を吐《は》いたり、暴れたりする様子に驚き、慌ててしまう人もいます。

でも、**ルールは必ず実行する**ようにしてください。ここで**ルール通りにやらないと、「泣けば言うことを聞いてくれる」「暴れれば思い通りになる」と学習させてしまうことに**なります。そうなると指導は困難です。

子どもの反応を見て、きっと心が揺れるでしょう。でも、それを見せることなく毅然《きぜん》とした態度を貫いてください。親がぐらついている様子が伝わってしまうと、「あと一押しすれば自分の思う通りになるかも」と思ってエスカレートしてしまいます。

感情的にならず、冷静に「ルールはルールだよ」と伝えてください。「辛いことがあって、何かに依存したい気持ちはわかるけど、やるべきことをやらないと、やりたいことはできないんだよ」と冷静に話をするのです。〝やるべきことをやらないと、やりたいことはできない〟という当たり前のことを伝えただけで、暴れたり泣きわめいたりしてしまういまの状態をそのままにしておくことのほうが危険だと考えましょう。

ルールに反発して、子どもが取りがちな行動とは

ここで、ルールに反発して子どもが取りがちな行動をまとめておきましょう。あらかじめ知っておくことで、親は冷静に対応することができます。

①暴れる

とくにデジタル依存が強い場合に多く見られる行動です。大声でわめく、泣き叫ぶ、つかみかかる、壁を蹴《け》る、物を投げたり壊したりするといったことをします。

親御さんは**冷静に淡々と「そんなことをしても無理だよ」「ルールはルールだよ」と伝える**ようにしてください。

「暴れたり暴力を振るったりすることで自分の思い通りになる」と思うことがないよう、毅然とした態度で接することが大事です。

そして**暴れている最中は、「いまは話せる状態じゃないね」とその場を離れ、距離をとるのが良い**と思います。

暴力を振るってきたり、暴れて手がつけられないような状況になった場合、警察の手を借りるのもやむをえません。子どもに対して「それはやってはいけないことだ」と示す必要があります。社会に出て、自分の思い通りにいかないときに暴力を振るったら、それこそ犯罪です。

たとえば、お母さんに物を投げつけてきてケガをするようなことがあれば「そんなことをしてはダメだよ。次にやったら、警察を呼ぶからね」と話します。それでも、子どもは「どうせウソだろう」「まさか本当に警察を呼ぶことはないだろう」と思っている場合が多いです。改善しなければ、毅然とした態度で実行してください。これも子どものためです。

②ネガティブな発言

「自分なんて生きている価値がない」「人生には何も面白いことがない」といった発言のほか、「死にたい」と過激なことを言う例も少なくありません。

こういったネガティブな発言を聞くと、親御さんは心が揺れると思います。でも、ここは頑張って毅然とした態度を崩さないでください。**子どもは感情的になって取り乱しているように見えるかもしれませんが、実は親の反応を探っているという面が大きい**のです。お父さんお母さんは本当に信頼できるのか？　困ったときに頼りにできるのか？　様子を見ています。そこで**親御さんが弱気になってしまうと、子どもは頼れる人がいなくなってしまいます。**一貫した態度を見せて、頼れる存在だと認識してもらいましょう。

「死にたい」といった言葉が出たら、「あなたを絶対に死なせたりしない！」と心を込めて伝えてください。「あなたのことを大事に思っているよ」と**愛情を示しながらも、ルールは撤回せずに堂々としていることが大事**です。

また、子どもが感情的になっているときには、議論しないで話をいったん切り上げます。「落ち着いたらまた話そうね」と言って、冷静になるのを待ちましょう。感情的になっている子に対して説得を続けようとすると、親子関係が崩れかねません。

③交渉

「明日は5時間目だけ学校に行くから、いいでしょ？　スマホを返して」「今日ゲームをやらせてくれたら、明日は学校に行く勇気が出そうだから」というように、**ルールの改変を要求する交渉を始める子も**います。泣きわめいたり、ネガティブなことを言ったりしてもルールが変わらないと知って、次は交渉に出るというパターンもあります。

さっきまで「死んでやる」と泣いていた子が、「わかった。じゃあ、明日は学校に行くことにする。だからスマホだけ返して」と交渉してきたりすると、親御さんはほっとして「さっきより落ち着いてきてよかった。じゃあ少し譲歩してあげようかな」と思ってしまいがちです。でも、**こういった交渉にも応じてはいけません。**子どもは泣いて交渉すれば、ルールを思い通りに変えることができるのだと受け取ってしまいます。そうすると、今後何度でも同じような行動を繰り返し、反発は収まらなくなります。「わかってくれてありがとう。状況を変えようと思ってくれて嬉しい。でも、ルールを変えることはできないよ」と伝えましょう。

それに、**「明日は学校に行くから」という言葉は多くの場合実行されません。**親は期待を裏切られた気持ちになるものです。でもこれも、子どもの意志が弱いわけではないのです。それだけデジタル機器の依存性が高いということです。

それでは「学校の勉強に必要だからタブレットだけ返して」「調べ物があるから、スマホを使わせて」というように、学習のために必要だと言われたときはどうしたらいいでしょうか？

実際、不登校の子がよく口にする言葉です。これも「学習のためならデジタル機器を使って良い」というルール改変の交渉の一つ。抜け道を探しているのかもしれません。でも、本当に必要なことであるなら、すべて禁止するわけにはいきませんよね。その場合は、**条件付きで認めれば良い**と思います。「親が見ている前で30分までなら使用できる」「調べ終わったらすぐに返す」などと決めて渡します。**親が見ていないところで使用できるようにしてはいけません。**それではルールの意味がなくなってしまいますので注意してください。

デジタル機器を取り上げられたことによる反発は、親が毅然としたブレない姿勢を示すことができればさほど長くは続きません。2〜3日は大変かもしれませんが、子どもも落ち着いてきます。1週間もすれば「あのときはどうして暴れたりしたんだろう」というのもよくあることです。そして必ず、生活が改善していきます。

もちろん、反発せずに素直に従う子もいます。**心配しすぎず、でも覚悟を持って、ルールを実行してください。**

そして、ルールを守れたらたくさん褒めてあげましょう。

リバウンドはしないのか

ルールを実行して無事に再登校できても、またすぐに不登校になってしまうのではないか。そんな疑問をお持ちの人もいると思います。

結論から言うと、**5つの条件が整っている限り、リバウンドが起こることはありません。**

スダチのサポート期間は1〜2か月に設定していることが多く、再登校後にどうなったかをすべて追いかけることはできていません。ただ、**サポート終了後、再登校できてから8か月以上経《た》った93名の方にお聞きしたところ、8割が継続登校できていました。**

再登校後も「学校に行きたくない」というときはあると思います。でも、多くの親御さんがおっしゃるのは**「親自身がブレなくなった」**ということです。不登校から再登校を一度経験しているので、もうやり方はわかっています。同じようにやればいいだけです。

「学校に行きたくないんだね。わかった。じゃあルール通りにやろうね」と言うだけでよく、ドンと構えていられると言います。これはとてもいいことです。よく、「親はドンと構えているのがいい」と言われますよね。それは子どもが安心してチャレンジできるようになるからです。

とはいえ、**ルールが定まっていなければ、親は動揺するのが当たり前**です。「学校に行ってほしいけど、あまりそういうことを言っちゃいけないのかな。でも、ずっと学校に行けなくなったら困るし……」と悩んでしまうのが普通の親でしょう。

いま**不登校で悩んでいる方は、方針を定めるチャンス**だと思って、ぜひ取り組んでほしいと思います。

この章では、最短で再登校に導く「5つの条件」についてお伝えしてきました。最後に少しだけ、この本を監修してくださっている小野昌彦教授による「行動論的な見方」を加えておきたいと思います。

実際に3週間で9割が再登校できている理由は、ここでお話ししたデジタル制限や正しい生活習慣、家族との食事といった実質的な行動変容を目標とし、それを親御さんが確実に実行しているからだと考えることができます。行動論的な見方では、不登校とは「家庭に滞在し続ける行動」なのですが、それを維持する条件を取り去って、登校をバックアップする条件を強めているのです。再登校できるのには根拠があるのだと思って、安心して取り組んでいただければと思っています。

▼体験談3

Sさん

デジタル禁止で大暴れ。警察署に行くことになった小3男子

2か月間五月雨《さみだれ》登校→完全登校とは言えないが家族みんなが前向きに

友だちに首を絞められて投げ飛ばされた

3年生が始まって1週間ほど経った頃のことです。息子は学校で友だちと大きなケンカをしました。トイレで首を絞《し》められ、投げ飛ばされたそうです。目撃者はいなかったので学校から連絡が来ることもなく、私は息子からの話で知りました。ただ、このときは「男の子同士のよくあるケンカ」だと思ってあまり気にしませんでした。

ところが、それから2週間ほど経って、息子が学校に行けなくなりました。ランドセルを背負って玄関に座り、泣いていたのです。「友だちにあんなことをされたから、怖い」と言います。私は、解決しなきゃと思いました。学校の先生には、

「相手の子に、暴力を振るうのは良くないことだよと伝えてほしい」とお願いしたり、ケンカの原因を探そうと情報を集めたりしたんです。息子には「仲直りするまで学校に行かなくていいよ」と言ってしまいました。それからは、週に2〜3回行くときがあったり、1週間まるまる休んだりという五月雨登校です。

毎日言うことが違う……

私は在宅で仕事をしており、息子が学校に行けなくなったのはちょうど忙しい時期でした。でも、息子が外に出られなくなったらいけないと思ったので、日中は外に連れ出して遠くの公園に行ったり、トランポリンができる施設に行ったりしました。そして夜中に仕事をするという毎日です。

学校では何度か聴取してもらい、私も息子にどんな不安があるのかを聞くようにしたのですが、次第にケンカとは違うことを言い始めました。「誰々がジロジロ見てくる」「バカって言ってくるヤツがいる」など、日ごとに言うことが違うのです。「あれ？　ケンカのことじゃないの？　昨日言っていた不安はどうなったの？」と私もどうしたらいいかわからなくなりました。ケンカはきっかけに過ぎなかったんですね。

思い返すと、私は息子の自己肯定感を下げるような接し方をしていました。息子が学校を休み始めた前日まで、ある習い事の発表に向けて毎日練習をしていたのですが、私は一個間違えるたびにため息をついていたんです。練習の動画を見て気づきました。

不登校よりも悩まされた暴言や暴力

うちでは、学校の授業がある時間の間は、家にいてもゲームや動画視聴をさせないようにしていました。ただ、学校を休んで家にいる息子が、あるとき15時になったとたんに「やっと見れるよ」と言ってソファに座り、当たり前のようにYouTubeを見始めたんです。それは確かに私が決めたルール通りの行動ですが、「何かおかしい」と思いました。それでスダチの支援を受けることにしました。

6月の金曜日に、デジタル禁止を含めたルールを発表しました。とくに反発はありませんでした。たぶんピンときていなかったのでしょうね。でも、とにかくルールを実行する翌週火曜日には学校に行けたんです。水曜日も学校に行きました。もともと五月雨登校でしたから、2日連続で登校できてもまだ「再登校できた」とは言えない感じです。

問題は木曜日に発生しました。

その日は学校に行けなかったので、デジタル機器に触ることができませんでした。それで大暴れしたんです。家がぐちゃぐちゃになってしまうので、私は慌てて息子の手をつかみました。すると今度は足が出て、私の足にガンと当たりました。私の足はひどいあざになりました。次に暴力を振るったら、警察を呼ぶからねと伝えました。

その後も息子は思い通りにいかないことがあると、暴言や「死んでやる」といったネガティブ発言を繰り返します。これには悩まされました。不登校以上に悩んだと言ってもいいくらいです。

警察の前で大号泣

ある日、私の実家に息子を連れて行ったとき、私の母が玄関から出てきたのを見て、なぜか息子は私を蹴《け》り始めました。おばあちゃんに味方してもらおうと思ったのかもしれません。ああ、きっとこの先も暴力が出るなと思ったので、「言った通り、警察だよ」と伝えました。かわいそうかなぁとも思ったのですが、まずは警察署の駐車場までのつもりで、息子と二人で警察署に行きました。すると息子は「早く中に入れよ」と言います。本気じゃないと思っているのです。

意を決して、息子と警察署の入口へ向かいました。日曜日だったこともあるのか混んでいる様子もなく、警察官の方が何か感づいたかのように近寄ってきてくれました。息子は急にわーっと泣き始めました。大号泣です。

私と息子は別室で聴取ということになり、私は息子の不登校のことをありのままに話しました。すると、警察の方はよくわかってくださって「ぜひ警察を頼ってください」と言ってくれました。息子のほうを担当した警察の方は「息子さん、反省しているみたいですよ。今回は相談ということで、とくに記録に残しません」とのことでした。

息子は悪いことをしたとわかったのだと思います。それからは暴力はもちろん、怒ることも減っていきました。ネガティブな発言もなくなりました。

家族みんなが前向きになった

その後夏休みに入り、夏休み仕様のルールで過ごしました。すれ違いから親子喧《げん》嘩《か》になったりもしましたが、息子はどんどん変わっていったと思います。

夏休み明けは3日連続で学校に行くことができました。ただ、木曜日がどうしても苦手なようで、校門まで行ったものの帰ってきてしまいました。私たちは「あなたが学校に行けなくても、嫌いになったりすることはないんだよ。行っても行かなくてもどちらでもいいよ」と伝えました。以前とは違い、一生懸命チャレンジしようとしていることがよくわかるんです。

現在は、完全登校とまでは言えないのですが、以前のように連続で休むようなことはなくなりました。親子ともに前向きです。

それから、夫への不満がなくなりました。以前の私は、ママ友と集まって夫の愚《ぐ》痴《ち》を言い合ったりしていました。「わかってくれていない」「あれもこれもやってくれない」……。でも、考えてみたら、夫は日中の子どもの様子を知らされていません。私が話していないんですから。それなのにわかってくれなんて虫のいい話ですよね。スダチのサポート期間中は毎日、息子の様子やスダチからのアドバイスを夫に話し、相談をしていました。そうしたら、夫への愚痴はなくなったんです。ですからいまは、愚痴のためにママ友と集まることもなくなりました。夫も、以前より息子の成長を感じられるようになっているはずです。

解説コメント

Sさんの息子さんはもともと五月雨登校であり、サポート中は完全に継続登校できているとは言えない状態でした。でも、その後、継続登校できるようになったそうです。いまは元気に毎日学校へ行くことができています。ご主人との関係も良くなり、愚痴を言わなくなったという話も素敵だなぁと思いました。夫婦で息子さんをたっぷり褒め、家族で楽しい会話ができています。

誌面の都合上、エピソードをかなりカットしていますが、警察を頼った話はドラマのようでした。小学3年生の男の子ですから、ルールを実感するのに時間がかかったり、ありあまる力をぶつけてきたりすることもありますよね。とても大変だったと思います。でも、毅然とした態度を崩さずに、ルールを守り通してくれました。「家のことなのに、警察を頼っていいのだろうか?」「ちょっとやり過ぎなのではないか?」と思う人もいるかもしれませんが、これは大事なことです。暴力で思い通りにいかせることを許してしまえば、将来、他人を傷つけることだってあるかもしれません。Sさんの対応は素晴らしかったと思います。

▼体験談4

Tさん
友だちとのトラブルをきっかけに、学校に行けなくなった中2女子
2か月間五月雨登校→1か月で再登校

仲良しの友だちとのトラブルがきっかけ

娘は地元の公立中学校に通っています。学校選択制が導入されており、家からはやや離れた場所にある中学校を選びました。友だちが少ない中での中学生活スタートです。教室では話せる子がいないということで、たまに学校を休むことがありました。ただ、他のクラスには、同じ小学校からの仲の良い友だちがいたので、1年生の間はなんとか通うことができていました。

2年生になって、その仲の良い友だちと同じクラスになりました。すると、今度は関係が近すぎたのか、新学期早々にトラブルになってしまったんです。一緒に学校に通っていたのですが、友だちと一緒に行きたくない、教室にも行きたくないと

言うようになりました。最初は、1日だけ休むとか、午前中だけ行くという感じでポツポツと行ってはいたのですが、ゴールデンウィーク明けから行けない日が多くなりました。

「お姉ちゃんが休むなら私も」。姉妹で不登校に

それを見ていた6年生の妹も、学校を休むようになりました。実は妹も、当時同じクラスに関係の良くない友だちがいたのです。「お姉ちゃんが休むなら私も休む」と言って、5月の半ばは二人とも2週間ほど学校を休んでいました。

私は、下の子と二人のときに「このままではいけないと思うから、お母さんも何か変えてみるね」と話しました。でも、具体的に何をすればいいのか、何を変えればいいのかはわかりませんでした。

妹のほうは2週間休んだあと急に「明日から学校に行く」と言って、また通い始めました。あとから聞くと、姉妹で「このままじゃ、やばいんじゃない？　いつから学校行く？」と話し合っていたようです。

お姉ちゃんは置いていかれたような気がしたかもしれません。相変わらず学校に行くことができないのです。担任の先生は、相手の子とグループを別にする、仲良くなれそうな子を近くの席にするなどの配慮をしてくれました。何度も家を訪れ、「とにかく学校に来てごらん。しんどいときは保健室に行っていいから」という話をしてくれました。でも、ダメなのです。そういった様子を見ながら、「私は何をしたらいいんだろう」と考えていました。何を変えたらいいのか、少しでもヒントを知りたい気持ちでした。

学校から私に対して言われたことは、「これ以上休みが続くようなら、フリースクールなど他のステップを考えてみてはどうか」ということです。でも、どうしてもピンと来なかったので、ネット検索でいろいろ調べ、スダチにたどり着きました。

家庭を○にしたい

スダチのセミナー動画の中に、学校と家庭の二つの軸で不登校を考える話がありました（p.46参照）。学校が×で家庭も×だと不登校になる。学校が×でも家庭が◯なら、登校できる……。この話に「ああ、こういうことだ」と思ったんです。

娘は勉強がイヤで学校に行けていないわけではなく、友だちとのトラブルがきっかけで不登校になってしまいました。相手の子は学校に行けています。同じ学校なのに、一人の子は行けて、うちの子が行けていないのはおかしいと思いました。やはり、家庭を◯にする必要があるのです。

スダチの支援を受けながら、まず家庭のルールを決めました。私自身が心がけたのは、娘と会話しやすい空間づくりです。それまでは、仕事から帰ってきたら家事を優先していましたが、それを一切やめました。娘の近くにいて、娘がテレビを見ているなら一緒に見るなど、場を共有するようにしました。

ルールを発表したときは、「え～、だるい」というような反応でしたが、このルールが作られた理由はよくわかっている様子でした。ですからあまり反発はありませんでした。妹は学校に行けているので「なんで私まで」と嫌そうでしたが、お姉ちゃんのために協力をお願いしました。

会話が増えて、大きく変化した

ルールに沿った生活を始めて、食卓での会話が増えました。妹がよく学校のこと、友だちのことを話すようになり、それを聞いたお姉ちゃんも「自分もあのとき、こうだったのかな」などと振り返るようになってきました。そして、別の友だちにLINEで連絡をとってみるなど、自分から行動をするようになっていきました。

いまから考えると、以前は私が子どもたちの話をちゃんと聞いてあげていなかったのかもしれません。私は、子どもたちが何も話さないから、何もないのだと思っていたのです。でも本当はいろいろあって、話をしたかったのでしょう。

それまでは、家族で同じ空間にいても、それぞれがテレビを見ていたりスマホやタブレットをいじっていたり、別のことをしていてあまり会話ができていませんでした。食事中はテレビを消していましたが、「あれが見たいから」と急いで食べるような感じだったんです。でも、学校の話などを始めると、会話のほうが楽しいんですね。

いまでは、ちょっとしたことでも「お母さん、聞いて」と話をしてくれるようになりました。頼りにしてくれている感じがするのは大きな変化です。

トラブルを乗り越える力

もともと五月雨登校で、しばらく休んで、また学校に行って、休んで……という感じだったのですが、ルールを決めてそれに沿った生活をはじめてから1か月後に、1週間連続登校ができました。トラブルのあった友だち以外に目がいくようになってきたのだと思います。1週間連続登校後はちょうど夏休みに入ったのですが、2学期からも毎日登校できるようになりました。

夏休み明けの日、娘は勇気を出して相手の子に「おはよう」と声をかけたそうです。そして、それからはまた以前のように話せるようになりました。ただ、やはり合わない部分があるようで最終的には距離を置いていきました。私は大丈夫だろうかと心配になりました。でも、娘は以前とは変わったんです。何かイヤなことがあれば私や妹に話すなどして、解消できるようになりました。今後も、「何とかなるだろう」という気持ちがあるようです。いまは楽しく学校に行くことができています。

解説コメント

Tさんのご主人は、娘さんの中学校入学と同時に単身赴任されたそうで、いろいろと環境が変わって大変な時期だったと思います。でも、Tさんは謙虚に自分を振り返り、前を向いて頑張られました。そして、娘さん自身がトラブルを乗り越えることができるようになりました。気まずい関係の友だちに自分から声をかけただけではなく、その後やはりうまくいかなくても、乗り越えられるようになったのですから本当に嬉しいことです。

本書でお伝えしている通り、再登校は通過点に過ぎません。お子さんのこれからの人生を幸せに生きていくために、問題を解決する力、トラブルを乗り越える力を身に付けることこそが大切です。そのためのお母さんのサポートが素晴らしかったと思います。

コラム　朝の散歩がおすすめの理由

不登校の子は、生活リズムが乱れていることが多いです。「好きなことを好きなだけやらせてあげましょう」といったアドバイスが多いこともあって、ゲームなどを夜遅くまでやっているのも普通です。

家にいると運動不足にもなりますよね。学校では、毎週2～3回は体育の授業がありますし、登下校や休み時間での遊びなど、かなり動いているものです。でも、家に一人でいればそういうわけにもいきません。

生活リズムの乱れと運動不足は、心の健康にも大きな影響があります。

精神科医の樺沢紫苑《かばさわしおん》さんは著書『精神科医が見つけた3つの幸福』の中で、脳内物質のセロトニン、オキシトシン、ドーパミンの3つに注目し、この3つが十分に分泌されていると人は幸福を感じるとしています。中でも**心と体の健康を司《つかさど》るセロトニンは、すべての基盤**とも言えるものです。

セロトニンを分泌させる方法は、**「朝日を浴びる」「リズム運動」「咀嚼《そしゃく》」**です。

リズム運動とは、「1，2，1，2」のかけ声に合わせてできるような運動で、ウォーキング、ランニングやラジオ体操などが挙げられます。

朝の陽《ひ》の光を浴びながらウォーキングをするのは、セロトニンを分泌させて心と体を健康にするのにうってつけです。さわやかな気持ちになってストレスが軽減し、体調も良くなります。

セロトニン不足の状態が続くと、気持ちが落ち込んでうつ症状が出やすくなるほか、イライラしてキレやすくなったりします。逆に言えば、いま不登校でうつ症状がある子や、怒りっぽくて家族にあたっているような子も、**セロトニンをしっかり分泌できるような生活習慣に変えることで改善することが多い**です。

朝の散歩を実践することで、体が健康になると同時に前向きになり、再登校できたという子たちもいるのです。

第4章 最短で不登校を乗り越えられるマインド

長期的視野に立って行動しよう

ご相談者の方々を見ていると、**不登校を短期間で解決できる親御さんには共通した特徴**があるように感じます。

特徴の一つ目は、**「長期的視野で考えられる」**こと。

子どもの「いまの状態」だけではなく、将来のことを見据えて、いまどうすべきかを考えることができているのです。

長期的に考えて判断し、行動を起こすのは、なかなか大変なことです。「いまの不登校の状態」でも、とりあえず生活できているし、子どもが家の中にいれば安心です。もちろん、親子ともに、不登校の状態は辛《つら》いと思います。「こんなに辛いことがあるなんて」と涙を流した親御さんが大勢いることを知っています。それでも、実際に行動を起こすのは大変なのです。周囲からは「見守りましょう」と言われがちですから、なおさらです。

第3章でお話しした、**デジタル禁止を含めたルール作り、発表と実行は短期的に**

見ればとても大変だと思います。親御さん自身もデジタル機器から離れることになりますし、子どもに向き合うことになります。子どもをたくさん褒《ほ》めて、いい声かけをしようと思っても、子どもから傷つく言葉を言われたりすることだってあるかもしれません。

それを**乗り越えて頑張っていこうと思うのは、やはり長期的視野に立って子どもの将来を考えているから**でしょう。

1か月間学校に行けていなかった小学5年生の男の子を、支援開始から11日という短期間で再登校に導いた田中さん（仮名）は、こうおっしゃっていました。

「三人兄弟の次男で、なかなかかまってあげられず愛情が届いていなかったのだと思います。中学受験に向けて頑張っていたある日、朝起きられなくなって、学校に行けなくなりました。あちこち相談には行ったものの、『見守る』以外の解決策はわかりませんでした。それで、私は次男と過ごす時間を増やし、一緒にゲームをするなどして甘やかしたんです。そのときは、次男がかわいいし、一緒にいて楽しいな、これはこれで悪くないなという気持ちもありました。でも、これに安住してしまっては未来がないと思って、現状を変える勇気を持ちました。正直、怖かったです」

田中さんは、私たちの支援を受け、怖い気持ちを乗り越えて行動しました。お子さんに愛情を注《そそ》ぎながらも、ルールを作って実行し、お子さんの反発にも毅然《きぜん》とした態度で対応したのです。その結果、お子さんは生活習慣が改善して元気になり、学校に行けるようになりました。

動揺している姿を見せない

短期間で不登校問題を解決できる親御さんの特徴の二つ目は、**「動揺している姿を子どもに見せない」**ということです。家庭のルールに対する反発に対して、動じることなく受け止めます。**親が子どもに真剣に向き合うほど、子どもは親が傷つくことを言ってきたり、乱暴な態度を取ったりするかもしれません。でも、そんなときこそ取り乱さずに、毅然とした態度を取る**のです。

心の中では不安も焦《あせ》りもあるでしょう。動揺するなと言われても、無理だと思います。動揺していいのです。ただ、子どもにはその姿を見せません。弱音は子どものいないところで吐《は》くようにします。たとえばスダチのサポーターは、そんなときの相手になります。外部の人にはいくら弱音を吐いても大丈夫です。

子どもは親の様子をよく見ています。**親が不安になっていると、子どもはそれ以上に不安になるもの**なのです。**不登校の子にとって、支えになるのは親だけ**です。その親が頼りなければ、もっともっと不安になってしまうでしょう。

「何があっても大丈夫」というように、どーんと構えていてください。

勉強の遅れをきっかけに2か月間不登校だった中学1年生の息子さんを、支援開始後たった6日間で再登校に導いた上野さん（仮名）は、息子さんの反発を動じることなく受け止めました。6日間で再登校という早さなので、状態が悪くなかったのではないかと思われるかもしれませんが、そんなことはありません。息子さんはオンラインゲームを1日12時間やるほどゲーム依存に陥《おちい》っており、昼夜逆転の生活をしていました。

上野さんは覚悟を持って行動を起こしました。デジタル禁止を含めたルールを伝え、実行したのです。当初息子さんは、お母さんの胸ぐらをつかみ、暴言を吐いたそうです。でも上野さんは動じませんでした。全力で、愛を持って受け止めました。その様子を見た息子さんは、静かに自分の部屋へ戻ったそうです。その翌日、驚いたことに息子さんは勉強を始めました。きっと思うところがあったのでしょう。昼夜逆転の生活も数日で元に戻すことができ、6日目に学校に行ったのです。

私はこの話を担当者から聞いて驚きました。「本当に6日で?」と何度も確認してしまったくらいです。上野さんは物腰が柔らかく、普段の印象では決して強くない方です。でも、お子さんのために強くなったのです。私たちは感動してしまいました。

失敗も前向きにとらえる

不登校を短期間で乗り越えられた親御さんの特徴の三つ目は、**「失敗を前向きにとらえられる」**ということです。

子どもと真剣に向き合う中では、トラブルもあります。本書でお伝えしている内容を実践していても、うまくいくことばかりではありません。

たとえば、デジタル禁止や生活習慣を戻すルールを実践し、たくさん褒めて親子関係が良くなってきた矢先に、親御さんの仕事が忙しくなり、家でパソコンを開かなくてはいけなくなってしまった。不登校期間中は家族も家でデジタル機器を使わない約束だったが、やむをえず、こっそりやろうとしたところを見つかり「協力するなんて言って、ウソだったんだね。学校に行かせたいのもお母さんの都合でしょ」と言う子ども。忙しいのもあってつい感情的になってしまい、「あなたはそうやってお母さんを困らせなきゃ気が済まないの⁉　お母さんの気も知らないで……！」と怒鳴ってしまった……。

そういう**小さなトラブルで親子関係が悪化してしまう**こともよくあります。そんなとき、落ち込みますよね。「私はダメな親だ」と考えてしまうかもしれません。もしかしたら、「夫が非協力的だからこういうことになるんだ」「仕事が遅い後輩のせいで私はイライラするんだ」と他人を責めたくなることもあると思います。

でも、**自分を責めても、他人のせいにしても、状況は良くなりません。**

失敗したと思うなら、次に同じ失敗をしないようにすればいいだけです。「近所のカフェに行ってやればよかったのに、それを面倒くさがったのが良くなかった」「どうしても家でやらなくてはならない場合は、隠れてやるより、子どもに理由を説明してわかってもらえばよかった」、そんな反省が出てくるかもしれませんね。

感情的になって怒鳴ってしまったことは、子どもに謝る必要もあるでしょう。

一度反省したならば、もうクヨクヨと悩む必要はありません。「ダメな親」だなんていうことは絶対にありません。子どものために行動し、真剣に向き合っているからこそ出てきたトラブルなのですから。むしろ「いまこの失敗をしておいて良かった」と前向きにとらえましょう。「自分がどういうときに感情的になるかがわかったから、次は気を付けられる」「子どもにちゃんと謝ることができて良かった。子どもも、言い過ぎたときに相手に謝ることを学んでくれた」と思えたら素晴らしいですね。

成功以上に、失敗から学べることは多いものです。

これは子どもが失敗したときも同じです。

親は、子どもの失敗を責めてはいけません。**失敗を責められると、子どもは「失**

敗をしてはいけない」と思うようになります。そして、一つの失敗から立ち直れなくなってしまったり、失敗を恐れて挑戦を避けるようになったりします。

学校に行くことができないのも、失敗が怖いのかもしれません。

失敗は、挑戦の証《あかし》でもあります。挑戦しなければ成功も失敗もないのです。ですから、**子どもの失敗に目を向けるのではなく、挑戦したことを褒めてあげてください。**

部活でのトラブルをきっかけに8か月間不登校だった中学2年生の息子さんを、支援開始後8日で再登校に導かれた藤井さん（仮名）は、失敗も前向きにとらえる言葉かけをしていました。

たとえば、通知表を見せるときのことです。テストを一切受けることができていないので、成績はオール1。お母さんが学校に行って受け取ってきたのですが、息子さんに見せるかどうか一瞬迷ったそうです。悪い結果の通知表を親から見せられたら、普通は落ち込んでしまいそうですよね。でも、藤井さんは「伸びしろしかないじゃん」と言って通知表を見せました。すると、息子さんは笑って「うわ、1って本当にあるんだ！　そうだよね、これより下はないわけだもんね」と言いました。

その後もポジティブな声かけをし、息子さんは学校に行くようになりました。勉強の遅れを取り戻すべく一生懸命頑張ったそうです。そして、高校受験。第一希望の高校に入ることはできませんでした。希望していたのは大学の附属校だったのですが、やはり不登校期間のことなどもあってご縁はいただけなかったのです。でも、息子さん本人が「大学受験することになって大変だけど、落ちたところよりもっといい大学に入ってやるから」と言ったのだそうです。藤井さんは驚き、そして嬉《うれ》しく思ったと話してくださいました。

本当に頼もしく成長していますよね。この息子さんなら、これからもきっと大丈夫だと私たちも確信しました。

自分が変われば状況は変えられる

不登校を短期間で乗り越えられる親御さんの特徴の四つ目は、**「自責で考えられ**

る」ことです。**何か問題があったときに、他人や社会のせいにするのではなく、自分ごととしてとらえることができる**のです。

繰り返しお伝えしているように、不登校は親のせいというわけではありません。友だちとのトラブル、先生との相性、学習のつまずきなど、きっかけはさまざまです。私が根本的な原因として考えている「親の愛情がうまく伝わっていないことによる自己肯定感の低下」にしても、親御さんは愛情を持っているのにもかかわらず、伝わりにくくなっている現代社会の構造が背景にあります。

ですから、「お父さんお母さんは何も悪くありません。子どもの特性を考えず一斉教育を行っている学校が悪いのです」とか「子どもたちにプレッシャーを与える現代社会が悪いのです」などと言うことはいくらでもできます。もちろん、これはこれで考えていく必要のある問題でしょう。

でも、**いますぐ学校や社会を変えることはできません。他人を変えることもできません。「あれが悪い、これが悪い」と言っていても何も変わらない**のです（いじめや先生からの性的虐待《ぎゃくたい》などの犯罪行為は別です。相手が悪いことが明確なものについては学校、教育委員会、警察などに伝えて対応しなければなりません）。

「学校がこうだから仕方ない」「子どもの特性がこうだから仕方ない」と考えていると、当然ながら不登校は長引きます。

確かに、さまざまな事情がありますよね。「うちの子の場合は、特別な事情があって仕方ない」と思う人もいると思います。「ああ、それは大変ですね。仕方ないですね」と言ってあげたくなる気持ちもわからなくありません。

でも、それではずっとそのままです（しつこくてすみません）。

変えられるのは自分だけです。そして、**自分を変えようと努力し、行動すると必ず状況は変化する**のです。

このように思っている親御さんは、問題を解決できます。実際、どんな事情があっても、短期間で不登校問題を解決しています。

子どもは、親が問題を他人のせいにすることなく、行動することで状況を変えていくのを見ています。そして多くを学んでいます。**「お父さんお母さんがいるから大丈夫」というところから、「自分なら大丈夫。何があっても乗り越えられる」と思えるようになっていく**でしょう。

それこそが大事なことです。

期待をせずに信頼しよう

親は子どもに期待をしてしまうもの。「元気に学校に行ってほしい」「いい成績をとってほしい」「いい進路に進んでほしい」といったことから、「自分らしく生きてほしい」「才能を発揮してほしい」という想いまで、きっといろいろあるでしょう。

子どもを想うからこそ出てくるものですが、**期待は往々にして子どもの自己肯定感に悪影響を及ぼします。**元気に学校へ行き、学習やスポーツなどで順調に成果を出し、親の期待に沿っているときはいいかもしれません。でも、うまくいかないこともだってあります。**子どもはそもそも別の人格を持った別の人間です。何でも親の期待通りに動くなんてできません。**

もちろん、親だって「期待通りに動いてほしい」と思っているわけではないと思います。子どもの個性を尊重したいですよね。ただ、そう言いつつもどこかで期待してしまっている部分がある……という感じではないでしょうか。それを子どもは敏感に察知します。言葉では言わなくても、表情や態度で伝わるのです。

そして、子どもは「期待に応《こた》えられなかった」「ガッカリさせているんだ」と罪悪感を持ってしまうことがよくあります。とくに敏感に感じる子は、期待をプレッシャーに感じて押しつぶされてしまうこともあるのです。


ご相談者の方には**「期待はしないでください。子どもを100%信頼してあげてください」**と繰り返しお伝えしています。

「学校に行ってほしい」と期待をするのではなく、「この子なら絶対大丈夫」と信じてあげてほしいのです。

再登校は目的ではありません。長い人生の中での一つの通過点です。再登校できたあとも、生きていればさまざまなトラブルに遭遇《そうぐう》するし、壁にぶつかることでしょう。それでも**「何があっても乗り越えられる」「大丈夫」と思えることが大事**です。

不登校の子には「あなたなら大丈夫だよ」と信じる言葉をかけてあげてくださ い。期待によって動くのではなく、自らチャレンジできるようにしてあげてください。

子どもには無限の可能性があります。大人はそれを信じて、引き出したいですよね。

コラム　不登校の子を勇気づけようとして失敗した過去

現在の不登校解決支援サービスを始める前に、私は不登校の子をサポートするボランティアをした経験があります。「メンタルフレンド」と呼ばれるもので、不登校の子のお宅を訪問し、一緒に遊んだり話をしたりすることで心の支えを担《にな》うボランティアです。

私が初めて担当することになったAくんは、通信制高校の1年生でした。小学校5年生の頃に友人関係が原因で学校に行けなくなって以来、5年間不登校です。ゲーム漬《づ》けの生活で、昼夜逆転もしていました。

それまで複数人がAくんのメンタルフレンドをしていましたが、いずれの方もAくんが拒否反応を示したことで会えなくなってしまったそうです。Aくんは繊細なところがあり、慎重にコミュニケーションを取る必要がありました。また、人として尊敬される存在にならないと担当を続けるのは難しそうでした。

初めてAくんに会った日、私は彼ととても楽しく会話をすることができました。

ほとんど外出していないため、Ａくんは髪や爪《つめ》が伸びていて体格も小さめでしたが、とても素直でいい子でした。私の話をよく聞いてくれたし、質問にもしっかり答えてくれて、頭の回転が速い印象を受けました。

ありがたいことに親御さんからも、Ａくんがとても楽しんでいたという報告をいただきました。「このまま続ければ、良い方向に導けるかもしれない」と手ごたえを感じていたのです。

その後何回か訪問する中で、私はＡくんを勇気づけたい想いで自分の人生観を語るようになりました。「自分も高校時代まではダメダメだったけど、いろいろ経験して、乗り越えていまがあるんだ。Ａくんだっていまから頑張ればきっと大丈夫。まだまだ人生は長い。いまがどんな状況だろうと未来は変えられる。誰が何と言おうと、僕はＡくんを信じているからね」。

その結果、Ａくんは私と会うことを拒否するようになってしまいました。

報告にあったのは、「小川さんはキラキラしたことばかり言うから会いたくない」。

ショックでした。もっとああすればよかった、こうすればよかったと後悔ばかりが浮かびました。Aくんにも親御さんにも申し訳ない気持ちでいっぱいです。

私は、この経験から多くのことを学びました。自分自身に明確な軸《じく》がないまま支援を行おうとしていたことを反省しましたし、第三者が対面で支援を行う難しさも感じました。他のメンタルボランティアの方々にそれぞれの支援の状況をお聞きしても、なかなか良い方向に向かわず頭を抱《かか》えている方がほとんどでした。

私は打開策を探しまわりました。

そして、最終的に現在のスダチのメソッドにたどり着いたのです。

第5章 不登校の子どもへの「魔法の声かけ」

不登校の子に言ってはいけないNGワード

子どもは、親の声かけによって大きく変わります。書店でも声かけ、言葉かけの本がたくさん並んでいますよね。私たちも声かけは重視しており、親御さんにその方法をお伝えしています。

まず、不登校の子に対して言ってはいけないNGワードから見ていきましょう。

NG① 「学校に行きなさい」

言ってしまっている言葉ナンバーワンかもしれません。親としては学校に行ってほしい思いがあるので、ついこの言葉が出てしまうのだと思います。でも、人は**「〇〇しなさい」と押しつけられるほど、反発したくなるもの**です。この傾向は思春期の子どもにはより強く出ます。そもそも「学校に行け」と言われて行けるくらいなら、不登校になっていないでしょう。子どもは「お母さん（お父さん）はわかっていない」と思ってしまいます。

それよりも、第3章でお話ししたように、子どもの自己肯定感を高める、正しい生活習慣に戻す、正しい親子関係を築く、考える時間を与える、しなやかな考え方を教えるといった**「再登校できる条件」を整えることが大事**です。条件が整えば、「学校に行きなさい」と言わなくても、子どもが自分から「学校に行こうかな」という気持ちになるのです。

NG② 「学校に行かなくていいよ」

「学校に行きなさい」以上に言ってはいけない言葉が「学校に行かなくていいよ」です。最近は「無理に学校に行かなくてもいい、休んでいい」という風潮があるので、このように言っている親も多いと思います。

子どもが「学校に行きたくない」と言ったときに、「行きたくないんだね」「わかった」と共感するのならかまいません。でも、**親が積極的に「学校に行かなくていいよ」と言えば、子どもは「行きたくないときは行かなくていいのだ」と解釈し**

てしまいます。そして、不登校が長引き、再登校に導く難易度も上がることが多いのです。

NG③「どうして学校へ行けないの？」

子どもを心配する気持ちから、「どうして学校へ行けないの？」と聞く親御さんは多いと思います。なんとか原因を見つけて、再び学校に行けるようになってほしいという想いですよね。でも、残念ながら逆効果なのです。

この質問は子どもにとってプレッシャーになるばかり。学校に行けないことを責められているように感じ、「自分がいけないんだ」と罪悪感に苦しむ子もいます。

「責める気持ちはなく、本当に原因を見つけたいのです」という声が聞こえてきそうですね。原因を追究されれば、子どもは何か理由を言おうとするでしょう。「先生が嫌いだから」「みんなの前で発表するのがイヤだから」「友だちに無視されたから」……。イヤだと思うことを探して話すかもしれません。でも、**学校に行けなくなった「きっかけ」はあっても、それが本当の原因とは限りません。**すでにお話ししたとおり、**原因がはっきりしている不登校は非常に少ない**です。必要以上に原因を追究しようとすれば、「学校に行きたくない」気持ちを増幅してしまいます。

ある方は、お子さんに毎日「今日は学校でイヤなことはなかった？」と聞いていたそうです。そう聞かれれば、子どもは「今日あったイヤなこと」を探すようになります。わざわざ不登校のきっかけを作り出すようなものです。

ただし、子ども自身が「どうして学校に行けないんだろう」と問いかけてきたときは、「どうしてだろうね。一緒に考えてみよう」と言ってあげてください。子どもの話を聞き、一緒に考えることは大切です。

NG④ 「学校（先生、クラス、友だちなど）がダメだよね」

学校に行けなくなったのはあなたのせいではない。〇〇がダメだからだ……。

そう言ってあげたい気持ちはわかります。でも、このような言葉かけでは子どもは成長できません。**他責の言葉**だからです。このような言葉をかけていると、子どもは**「うまくいかないことがあったときは、誰かのせいにすればいいのだ」と思っ**

てしまいます。

何か問題があったとき、他人や学校、社会のせいにすれば一時的に気持ちはラクになります。しかし、それで問題が解決することはありませんよね。どんな問題も、解決したければ他責思考をやめる必要があります。

確かに、学校や先生にも悪いところがあるでしょう。先生も人間です。完璧な人はいませんし、相性もあると思います。意地悪な同級生や先輩など、「こう変わってほしい」と思う点を挙げたらキリがないかもしれません。でも他人を変えることはできないのです。**現状を変えたいのなら自分が変わるしかありません。**

これは親子関係も同じです。子どもを変えたいと思ったら、自分が変わることです。「○○が悪い」といった他責の言葉をやめ、**問題解決に向けて考える・行動する姿を見せることで、子どもも「自分もそうありたい」と思うようになる**でしょう。

NG⑤ 「昨日は学校に行くって言っていたじゃない」

子どもが「明日は学校に行く」と言っていたのに、朝になると「やっぱり無理」「行きたくない」と言って学校に行けなかったとき、つい出てしまう言葉です。親としては期待を裏切られた気持ちになってしまうのですよね。でも、こう言ってしまうと、もうその日はほぼ100％登校できません。**プレッシャーを感じるほど、学校に行くハードルが高くなってしまいます。**

「せっかく準備したんだから、頑張ってみたら？」といった言葉も逆効果になることが多いです。親の期待や焦《あせ》りを感じて、「やっぱりダメなんだ」と落ち込んでしまうのです。

それよりも**「ああそう。わかった」と言って、ただ受け止めてあげるだけ**にしてください。動じないことが大切です。

不登校の子が、前日は「学校に行く」と言ったのに、その日になってみると行けないというのは何もおかしなことではありません。**「恒常性（ホメオスタシス）」と私たちが呼んでいる働き**によるものです。「恒常性」とは、外部からのストレスですぐにやられてしまうことがないよう、体を一定の状態に保とうとする機能のことです。わかりやすいのは体温の調節です。外の気温が上がったり下がったりしても、体温を維持して体を守ろうとする大事な働きです。

恒常性は心理面にも働きます。習慣・環境などを大きく変化させることは、未知の領域ですのでリスクがあります。一方、昨日までと同じように過ごせば、少なくとも生命の危機はありませんよね。ただちに困ったことになるとは考えにくいです。それで、現状を維持したいという心理になるのです。

恒常性は生活や心の安定を保つために必要な働きです。だから変化は大変です。ダイエットや部屋の片づけなど「よし、明日からやるぞ！」と思ったのに、結局いつも通りに過ごしてしまった……という人が多いのも当然なのです。

ですから、**不登校の子が「明日は学校に行く！」と言っても、そう簡単ではないことを理解**しておいてください。学校に行くと思えただけでもすごいことです。**前向きになったこと自体を褒《ほ》めて、実際に学校に行くことは期待しない**でいましょう。

期待は子どもにとってはプレッシャーになってしまいます。「期待が裏切られた」と思えば怒りにもなります。

今日や明日ではないかもしれませんが、必ず学校に行くことができる、問題を乗り越える力があると信じて、動じないことが大切です。

学校に関する話は５つの条件が整ってから

不登校の子に言ってはいけない言葉を５つ紹介しました。これらはすべて「学校」がキーワードになっています。

基本的に、**学校に行けない状態の子に対して「学校」というキーワードは一切出さないほうが良い**と考えてください。学校の話ができるようになるのは、５つの条件が整ってからです。

５つの条件とは「子どもの自己肯定感を高める」「正しい生活習慣に戻す」「正しい親子関係を築く」「考える時間を与える」「しなやかな考え方を教える」でしたね。家庭のルールを発表して実行しつつ、毎日たくさん子どもを褒め、しなやかな考え方にもとづく声かけをします。そうしているうちに、子どもの変化を感じられるはずです。表情が明るくなった・よく話すようになった・ネガティブな発言が減った・（学校以外のことでも）挑戦したいという言葉が出るようになったといったことです。
そのときになって初めて、学校の話をしてみましょう。これを**「登校刺激」**と呼んでいます。子どもと二人で落ち着いて話ができるときを選んで、まずは子どもの成長をしっかり褒めます。そのうえで、たとえば次のような会話をするのです。

親「ただ、まだ一つできていないことがあるよね。それについてはどう思っている？」
子「……学校？」
親「そうだね。さっきも伝えたけど、あなたはこの数週間で、すごく成長したと思うよ。だから、挑戦できるんじゃないかなって思うの。どうかな？　少し考えてみて」
子「……わかった」

2〜3日考えてもらったあと「学校のこと考えてみた？」と声をかけます。それでYESなら話し合い、NOなら「じゃあまた○日後に聞くね」と言って考える時間を与えます。これを繰り返します。

スダチがサポートしている方の場合、**ルールを実行してから10～14日程度で登校刺激の段階に入ることが多い**です。ただし、焦りは禁物です。**子どもの変化を見て、登校刺激を行っても大丈夫だと思えるようになってからに**しましょう。また、これはあくまでベースであって、子どもの性格、状況、親子関係によって伝え方や伝えるタイミングは変わります。慎重に見極める必要があるので注意してください。

子どもに「期待」をしてはいけません。「学校に行ってほしい」という期待を持って話しかけると、子どもはそれを察知してプレッシャーになります。どんなときも「期待はしない、１００％信頼する」ことが大事です。

1日10回以上褒めよう

不登校であろうとなかろうと、お子さんのことをたくさん褒めてあげてほしいと思っています。子どもは、お父さんお母さんに褒められたいものです。**褒めてもらうことで愛情を感じることができ、「自分は何があっても大丈夫なんだ」「自分には**

価値があるんだ」といった自己肯定感を持つことができます。

不登校の子は、とくに自己肯定感が下がっていますので、褒めて認めることが重要です。

スダチでは、「1日10回以上褒めてください」と親御さんに伝えています。

結果ではなく、プロセス・努力に注目

ただし、褒め方によっては親の意図とは違うメッセージを受け取ってしまうことがあります。

たとえば、子どもが100点のテストを見せに来たとき、「100点とったなんて、すごいじゃない！」と褒めたとします。日本人の8割はこんな感じの褒め方をすると言われていますが、実はこれ、良くない褒め方なんです。

この褒め方の問題は100点という結果にフォーカスして褒めているというところです。**結果を褒めると、子どもは無意識に「成功することが大切で、失敗するのはダメなことなのだ」と思うように**なります。

また、能力を褒めるのも同じように良くありません。**「頭がいいね」という褒め方をすると、子どもは自分が解けそうなものばかりを選び、難しい問題に挑戦しなくなります。**

スタンフォード大学心理学教授のキャロル・S・ドゥエック氏は、『マインドセット――「やればできる!」の研究』の中で、思春期の子どもたち数百人に対して行った実験について紹介しています。

こんな実験です。

生徒全員に難しめの知能検査に挑戦してもらい、終わったあとで褒め言葉をかけました。褒める際には生徒を2グループに分けました。一方のグループは「頭がいいのね」と能力を褒め、もう一方のグループは「頑張ったのね」と努力を褒めました。

グループ分けをする前は、両グループの成績は同じでした。でも、褒めたあとから差が出るようになりました。

能力を褒められたグループは、新しい問題にチャレンジするのを避けます。ボロが出るのをおそれるからです。一方、努力を褒められたグループは、新しい問題にチャレンジしました。

難問を出された際、能力を褒められたグループは「この問題が解けなかったということは、自分は頭が悪いのだ」と思うようになりました。努力を褒められたグループは「もっと頑張らなくちゃ」と考え、自分は頭が悪いなんて思いませんでした。

言うまでもなく、努力を褒められた子はしなやかな考え方ができています。

褒めるときに大切なのは、「プロセスや努力を褒める」ことです。

「ここにあなたの頑張りがあらわれているね」

「以前に比べて、これができるようになったよね」

そんなふうに、**子どもが頑張ったところ、成長したところに注目して褒めてあげてください。**１００点のテストも「テストに向けて頑張っていたもんね。努力がしっかり結びついたんだね！」と褒めれば印象が違いますよね。子どもは「頑張ったことを認めてくれた！」と嬉《うれ》しく思うはずです。

実は逆効果？　気を付けたい褒め方

ほかにも、逆効果になってしまう褒め方があります。

①他人と比較して褒める

「あなたは○○くんよりこれが上手だね」「○○ちゃんより頑張っているよね」など、**誰かと比較して褒めることを続けていると、子どもは他人を基準に考えるようになります。**そして、人と比べてできなかったとき、自信をなくして落ち込んでしまいます。

他人と比較するのではなく、「あなたは1か月前はこれができなかったのに、できるようになったね！　成長したね！　頑張ったね！」と、**その子自身の過去と比べて成長した部分を褒める**ようにしましょう。

親が「あなたはどんどん伸びていく人間で、私はあなたの成長に関心がある」という態度であることで良いメッセージが伝わります。

②機嫌の悪いときに褒める

子どもの機嫌が悪いときは、褒めても逆効果にしかならないことがほとんどです。子どもが**落ち着いてから褒めることを心がけましょう。**褒めたいポイントが見つかったらメモをしておき、「そういえばさっきのあれだけど……」と褒めてあげてください。

また、機嫌を取ろうとして褒めるのは良くありません。子どもは親の内心を察知するものです。安易なご機嫌取りは親の立場を下げ、正しい親子関係とは言えなくなってしまいます。

③口先だけで褒める

「頑張ったじゃん」などと口では言っていても、**心からの言葉でないと子どもにはまったく響きません。**ただ褒め言葉を言えばいいというものではないのです。

逆に、些細《ささい》なことであっても、親が心から褒めたいと思って言った言葉は必ず子どもに響きます。

心から褒めるためには、**子どもをしっかり見る時間を作る**必要があります。意識して二人の時間を作ったり、子どもの様子を観察したりするようにしてください。

基準を設けないことも大事です。「何歳ならこれができて当たり前だろう」とか「自分は昔これができていた」と考えてしまうと褒めにくくなります。そうではなく、**その子の変化・成長に注目**しましょう。

そして、期待はせずに信用することです。「学校に行ってほしい」「いい成績を取ってほしい」など何らかの結果を期待していると、現在のその子に褒めるところがないように感じるかもしれません。期待をするのではなく「この子なら絶対大丈夫」という気持ちで向き合ってください。

魔法の声かけ❶ 褒め方のコツ

たくさん褒めるのがいいとはわかっても、褒めるところがなかなか見つからない。褒めてもあまり反応がないので、うまくできていないのかも？　そういった声をよく聞きます。

そこで、褒め方のコツを紹介したいと思います。

①具体的に褒める

なんとなく大雑把《おおざっぱ》に「成長したね」と褒めても、子どもはあまりピンとこないかもしれません。**どこがどう良かったのか、具体的に褒めることが大事**です。

「先週までは朝に起こされないと起きることができなかったのに、今朝《けさ》は自分で起きられたね！」

「今日は言われなくても食器のあと片づけをやってくれたね！」

「1か月前は学校の話なんて全然できなかったのに、クラス替えの話ができるなんて、変わってきたよね」

些細なことでも、成長を見つけて具体的に褒めるようにしてみてください。

②伝え方を工夫する

褒めても反応がない場合などは、伝え方を工夫してみましょう。

・ハイタッチ、グータッチ、親指を立てたグッドサインなど

食器を片づけたときなどに、「できたね！」の合図を言葉ではなくジェスチャーで伝えるのもおすすめです。

・独り言のように伝える

子どもの反応がなくてもいいのです。独り言を聞かせるように褒めてみてください。

・素直な感情を言葉にする

気の利《き》いた褒め方ができないときは、「嬉しいな～」「すごいなぁ」「感動した！」というように、親御さんの素直な感情を言葉にしてみてください。

・第三者の褒め言葉を伝える

「知り合いの○○さんに△△を話したら、すごい！　って絶賛していたよ」のように、第三者の言葉として褒め言葉を伝えます。不登校の子は親以外から褒められることがあまりないので、とくに嬉しく思うでしょう。

・手紙に書いて渡す

成長した点を手紙に書いて渡す手もあります。褒めてもあまり反応のない子でも、喜んでくれるかもしれません。

成長したところを100個書き溜《た》めて渡した、という親御さんもいました。「こんなに成長したんだなぁ」と思えて、親子ともに嬉しくなったそうです。

魔法の声かけ❷　質問しながら褒める

もう一つ、とっておきの褒め方があります。それは「質問しながら褒める」という方法です。

人はそれぞれ褒めてほしいポイントが違うことがあります。**自分がとくに頑張ったところ、こだわった点など、注目してほしい部分がある**のです。そのポイントをついた褒め方が自然にできれば一番いいのかもしれませんが、なかなかわからないものです。ズレた褒め方をして、ガッカリされることだってあるのです。

でも、その褒めてほしいポイントを聞いてしまえば、まさに相手が褒められたいように褒めることができます。

一番いい褒め方とは、**「自分が褒めたいように褒める」**のではなく、**「相手が褒め**

られたいように褒める」ことなのです。

たとえば、子どもが料理を作ってくれたとします。

「すごいね～、以前は卵を割るくらいしかできなかったのに、こんなに美味《おい》しいオムライスができるなんて！　これはどうやって作ったの？」

「家にあった料理の本に載っていたのを見て作ったんだ」

「へぇ、本を見て作ろうと思えたことも成長だよね！　作るうえでどんなことがポイントだったの？」

「ケチャップライスを卵できれいにくるむのをこだわったんだよね。見た目も大事でしょ？　実はうまく巻くコツがあって、それを意識したんだよ。まず、卵にね……」

こんなふうに**質問しながら褒めると、子どもは嬉しくなっていろいろ教えてくれる**でしょう。そのうえで「なるほどね～。確かに、お店のオムライスみたいにきれいだなって思ったんだよね。見た目まで意識するなんて、びっくりしたよ」と褒めるのです。

この褒め方は、とても楽しいコミュニケーションでもあります。親子の仲が良くなり、**子どもの自己肯定感が上がる、最高の褒め方**です。

それでは褒め方のまとめとして、一つ問題を出しましょう。

小学校低学年のお子さんが、「見て見て！」と自分で描いた絵を持ってきました。

さて、あなただったらどう褒めますか？

少し考えてみてください。

三流の褒め方は「上手に描けたね！」「きれいな絵だね！」というように、結果や能力にフォーカスします。

二流の褒め方は「前と比べて、色の塗り方が丁寧《ていねい》になったね！」というように、成長した点を見つけて褒めます。

一流の褒め方は**「どんなところを工夫したの？」「どのくらい時間がかかったの？」というように質問をして、子どもが褒めてほしいポイントを見つけて褒めます。**

もうわかりましたよね。

魔法の声かけ❸「どうしてそう思うの？」

褒めるとき以外も、子どもにはどんどん質問をしてあげてほしいと思います。ご相談者の方々にはよく「質問力を身につけてくださいね」と伝えています。

子どもは大人ほど深く考える力がまだありません。他人から言われたことをそのまま信じ込んでいたり、感情で決めつけていたりすることもあります。

たとえば、子どもが「勉強ができないから学校に行きたくない」と言っているとします。このとき「勉強なんてできなくたっていいじゃない」という声かけはあまり意味がありません。子どもは「勉強ができないのは悪いことだ」と思い込んでおり、「できなくてもいい」と言われても、そうは思えないでしょう。この**思い込みを解かなければ、自ら「学校に行ってみようかな」という気持ちにはならない**のです。

思い込みを解くためには「どうしてそう思うの？」と質問をすることです。

「どうして勉強ができないと、学校に行けないと思うの？」

そう聞いたとき、子どもの返事はいくつか予想できますね。

たとえば「勉強ができないと、授業についていくことができなくて辛《つら》いから」

「友だちに、あいつは勉強ができないと思われて恥ずかしいから」。

「わからない」という答えも多いと思います。

そうなのです。自分で言ったことでも、理由を説明できないのが子どもです。

深掘りしていくと、実はたいした理由がなかったということはよくあります。

ここで**やってはいけないのは、親が大人の理論で理由を決めつけること**です。勝手に理由を想像し、先回りして手を打とうとするのはありがちです。塾や家庭教師を検討したり、もう少し学習の進度の遅い学校に転校したり。でも、子ども自身の考えを深掘りする前に手を打ってもダメなのです。それは子どもの考える機会を奪っていることになります。**親の先回りが続くと、子どもの考える力は伸びません。**

親は子どものことは何でもわかっている気になることがありますよね。実際、わかっていることもあると思います。それでも、「どうしてそう思うの？」と聞いてあげてください。**本人に考えさせてあげることが大事**です。子どもが考えている様子なら、待ってあげてください。

「わからない」という答えだったら、「どうして理由がわからないのに、学校に行けないんだろう」など深掘りして考えられるような声かけをしましょう。

そうしているうちに、「自分は勉強ができないと思っていたけど、そうでもないかも」「勉強ができないことを友だちにバカにされたことはないのに、勝手にそう思い込んでいたのかも」「わからないことがあるから、教えてもらうために学校に行っているんだよね。勉強ができないから行かないってヘンな気がしてきた」など、**思い込みがはずれて、しなやかに考えることができるようになっていく**はずです。

▼体験談5

Nさん

昼夜逆転の生活、家出……ひきこもり状態の中3男子

1年間不登校→33日で再登校

友人関係の悩みから体調不良に

息子は小さい頃からやさしくて素直な子でした。小学校高学年ではやや反抗的な様子もありましたが、中学に入学すると落ち着き、元気に学校に通っていました。

不登校になったのは中学2年生の2学期です。最初は頭痛や腹痛を訴えて学校を休むようになりました。ただ、週に1回程度の欠席でしたし、学校の先生に様子を伺っても変わった様子がないということだったので、そこまで気にしませんでした。

ただ、病院に連れて行くと「過敏性腸症候群かもしれない」と言われました。

ただ、本人はなかなか話してくれませんでしたが、学校の友人関係に悩みを抱えていたようです。クラスに居場所がなくなってしまい、学校に行きづらくなってい

たのです。体調不良を訴え始めてから1か月ほどして、完全に学校に行けなくなりました。

昼夜逆転の生活

家にいる間、最初は普通に過ごしていました。でも、時間が経つにつれ状態が悪くなっていきました。いつのまにか昼夜逆転してしまい、朝から夕方6時とか7時まで寝ていて、その後は朝まで起きているという生活です。部屋に閉じこもって何をしているかといえば、おそらくパソコン、ゲームでしょう。夕飯の際に親子で会話はできていましたが、学校の話題になると機嫌が悪くなって部屋に閉じこもってしまいます。目つきも悪くなり、ちょっとしたことでイライラするようになっていました。体調も悪くなりました。

いま思えば、生活リズムが崩れたことで体調がおかしくなっていたのです。でも当時はわかりませんでした。学校でのストレスが原因で体調が悪くなっていたはずなのに、安全な家にいて、なぜ体調が悪いのだろうと思っていました。

昼夜逆転の生活は良くないと思っていましたし、息子の「これを買ってきてくれ」といった要求に応じることも、良くないと思っていました。でも、正そうとすれば反発され、余計に悪化してしまいます。悩みながら、どうにもできませんでした。

あちこち相談するも、打つ手がない

スクールカウンセラーの方には、他の生徒がいない時間に学校に行ってみるとか、別室登校の提案をしてもらいました。「小さなことから一つずつやっていきましょう」という方針です。でも、そういった話を息子にしようとすると部屋に逃げ、閉じこもってしまいます。公的機関に相談に行くと「まだ5か月くらいですよね。お母さんが焦らず、もっとゆったりした気持ちでいれば、お子さんの状態は良くなっていきますよ」と言われました。そのときは「そうか」と思って気持ちがラクになりましたが、息子の状態は良くなるどころか悪化していきました。

なんとかしなければと思い、民間の不登校支援にも相談に行きました。そこで初めて「このままではいけません」と言われたんです。でも、その方は、ここまで悪化した状態ではどうしていいかわからないと言います。面談の締めくくりは「お子さんに素晴らしい出会いがあるといいですね」でした。偶然の出会いを期待するしかないのかと、途方に暮れてしまいました。

ルールに反発、家出をしてしまう

スダチのことはネット検索で見つけました。相談をしてみると、不登校期間が長いことと現在の状況から言ってかなりの反発があることは予想されるけれど、一緒に頑張りましょうと言ってもらえました。やるしかないという気持ちでした。

アドバイスをもらって我が家のルールを作り、息子に伝えると、やはり反発が大きかったです。息子は家を出て行ってしまいました。私はこのとき、「このやり方は間違っているんじゃないか。こんなことになるくらいなら、ひきこもりでも家にいてくれたほうが良かったんじゃないか」と思ってしまいました。

でも、状況をよく理解してくれているスダチのサポーターは「これを乗り越えない限り、お子さんの状態は良くなりません。必ず戻ってきますから我慢してください」と言います。これに対して、私の主人も長女も同じ意見でした。家族の中で私一人が不安になり、右往左往していたのです。

比較的すぐに、息子は親戚の家にいることがわかりました。ときどき本人から連絡も入りました。この家出から10日後、息子は家に戻ってきました。驚いたことに息子の表情は明るく、笑顔もあって、素直で、別人のようになっていたのです。「お母さんの言ったことをちゃんと受け入れて、明日からやっていきます」と言ってくれました。

新しい中学校へ

この10日間で何が起きたのか。おそらく息子はいろいろ考えたのだと思います。親戚の家にもゲームを持っていき、昼夜逆転の生活は続いていたようですが、その生活がおかしいことに気づいたのでしょう。居心地も悪くなり、ゲームに触れる時間も減っていったようです。

家に戻ってからは、我が家のルールを守った生活が始まりました。朝もきちんと起きて、デジタル機器にも触れることなく過ごします。体調も良く外に出られるようになったほか、家族でボードゲームで遊ぶなど団らんが増えました。久しぶりに家族で和気あいあいとした時間を過ごすことができ、本当に嬉しかったです。

この頃、ちょうど夏休みに入っていました。学校についてどうするか話したとき、本人が転校を希望し、中3の2学期から転校することにしました。そして、新しい中学校へ始業式から通うことができたんです。それからはまったく休むことも遅刻もありません。不登校の1年間はまったく勉強していなかったので、それを取り返すかのように受験勉強を頑張り始めました。

高校受験も頑張れた

高校受験では、やはり厳しさを感じました。欠席の期間が1年間あるので、入試で得点できても入学が難しい学校もありました。いまはこんなに頑張っているのに、一度躓《つまず》いただけでダメなのかと辛《つら》い気持ちになりました。でも、そういう学校ばかりではありません。息子も本当によく頑張って、無事に第一志望の高校に合格することができたんです。

1年前からはとても想像できなかったことです。いま息子は高校2年生になりました。元気に学校に通っている姿を見て、本当に嬉しい気持ちです。

解説コメント

お子さんが家を出て行ったときは、本当に不安でたまらなかったと思います。サポーターが「必ず戻ってきますから我慢してください」と言えたのは、これまでも数多くの例を見てきていることと、面談等で状況を把握していたからです。

家出のように大きな反発があったとき、「わかった。好きなだけゲームをやっていいから家に戻って来なさい」と言ってしまっては、状態は悪化します。子どもは、自分の思い通りにするために同じことを繰り返すようになってしまいます。親御さんとしては辛いと思いますが、子どもを信じて我慢しなければなりません。

Nさんの息子さんは、困難を乗り越えて大きく成長しました。中3の2学期から受験勉強に励み、第一志望に合格したというのですからすごいことです。お母さんも「どこにこんなエネルギーがあったのだろう」と驚いたそうです。この経験が息子さんの人生にとってプラスになることを信じています。

▼体験談6

Yさんご夫婦

進学校での勉強のプレッシャーから、学校へ行けなくなった高1男子

3か月間不登校→6日で再登校

同級生と比べて、落ち込む日々

息子は私立の中高一貫校に通っています。中3のとき、難関大学の進学を目指す特進クラスに入りました。本人の希望で入ったクラスで、仲のいいお友だちもいたので最初は喜んでいたんです。でも、ゴールデンウィーク明け頃から「ちょっと合

わないかも」と言い始め、疲れた様子を見せるようになってきました。授業の進度が速く課題も多かったこともあり、睡眠時間を削って頑張っていたのですが、周りの子たちがとても優秀なので「自分はダメだ」と思ってしまったようです。みんな勉強ができるのは当たり前で、運動や芸術などでも輝いているといいます。

「おまえ、ぼんやりしてヘンだぞ。病院に行ったほうがいいんじゃない？」。あまり眠れず、食欲もなくなっていた息子は授業中もぼーっとすることが増え、友だちにそう指摘されたそうです。それでも頑張っていたのですが、異変は期末テストの頃に現れました。テスト前日にまったく勉強に手が付けられなくなってしまったのです。私はこのときになってようやく、大変なことになっていると気づきました。期末テスト自体は受けましたが、帰ってから倒れ込むように寝てしまい、翌日朝になっても動けません。慌てて医療機関を探しました。

精神科で「適応障害」の診断を受ける

児童精神科医を探して片っ端から電話をかけましたが、どこも予約でいっぱいです。たまたまキャンセルが出たから、今日なら診《み》ることができるという病院を見つけ、息子を連れて行きました。本人は体が動かないうえに、病院には行きたくないと言います。でも、無理やり引っ張るようにしてタクシーに乗せ、連れて行ったんです。

先生には「適応障害」と言われました。ちょうど夏休みに入ったので、勉強からしばらく離れることにしました。そして、夜眠りにつきやすくするための漢方薬を処方してもらい、私たちも時間を決めて早く寝かせるようにして、眠れるようになったのは良かったです。

2学期が始まるとすぐに、1学期の復習テストがあります。夏休み中まったく勉強していなかった息子は、テストを受けたくありません。そこで、友だちには「親戚が亡くなったから帰省する」と嘘《うそ》をつき、1週間ほど主人の実家に行きました。好きな鉄道に乗るなどし、リラックスした時間を過ごしました。でも、それも一時しのぎに過ぎません。戻ってきてからは、学校に行ったり行かなかったりという五月雨登校が始まりました。テストがある日は休み、行事には参加するといった感じの2学期です。そして、3学期は、最初の1週間だけ行ったものの、そのあとは完全不登校になってしまいました。

誰に相談しても「再登校は難しい」

私たちは、息子にまた学校に行ってほしいという思いがありました。でも、誰に相談しても「復学は難しい」と言われます。学校の先生は、「本人が勉強に向かうのがしんどいのであれば、別の道を考えたほうがいいかもしれない」とおっしゃっていました。進学校なので、高校になるとさらに勉強中心の生活になります。勉強が嫌だというなら、もっと辛くなるのは想像に難《かた》くありません。精神科の先生もそうです。「このまま同じ学校にいるのは難しいでしょう」と言われました。信頼している先生にそう言われて、私たちは少なからずショックを受けました。

ルールに沿って生活する春休み

スダチは最後の砦《とりで》でした。ホームページに載っているお客様アンケートや体験談を見て、私たちよりもっと大変な状況から再登校できている方々の話を知り、勇気が湧きました。

まず、私たちは春休み中のルールを決めて、発表しました。息子の納得がいかなかったのは、スマホ時間の制限です。「いままでそんなこと言わなかったのに急になんだよ」と怒って、私にクッションを投げつけてきました。でも、それに動じることなく、制限すべき理由をきちんと話しました。

もう一つ嫌がったのは「朝の散歩」です。家族3人で散歩しようと言ったのですが、「誰に見られているかもわからないのに、イヤだよ」と反発。ただ、本人も朝に陽を浴びたり体を動かしたりする効果をネットで調べてわかったようです。文句を言いながらも散歩を始めました。

最初は家から最寄り駅まで歩いていましたが、そのうち自分で歩くルートを決めるようになり、その頃から息子は変化してきました。スマホ時間も制限があることで、自分と向き合う時間ができたのでしょう。

暇な時間にやっていたのは読書や料理です。とくに料理はすっかり得意になりました。家族にご飯を作ってくれるのですが、私たちも、ただ「美味《おい》しいね」「よくできたね」ではなく、「どこを工夫して作ったの？」などと質問しながら褒めるなど、工夫をするようになりました。質問をすると、息子は嬉しそうにいろいろ話してくれるんです。もっと前から、こうやってたくさん褒めれば良かったと思いました。

再登校して、勉強にも前向きに

高校1年生に上がって、始業式から早速、学校には登校できるようになりました。特進クラスから普通クラスに変わったので、本人のペースに合っているのも良かったのだと思います。あれだけ勉強に拒否感を示していたのに、自分からやるようにもなりました。いまは前向きに取り組んでいるので、変化に驚いています。

いまも「学校に行きたくないなぁ」と言うときは何度もあります。勉強の面では乗り越えられたけれど、委員会活動などでうまくいかないことが出てくると、逃げたくなることはあるのでしょう。でも、自分で折り合いをつけられるようになってきていると感じます。実際に学校を休むことはなく、継続登校ができています。

こうお話しすると、再登校までスムーズだったように見えますが、親子喧嘩になったことは何度もあります。私が感情的になってガミガミ言ってしまったり、喧嘩になったときに息子は怒りが抑えられずに暴力を振るってきたりしたことも……。でも、その都度、お互いに悪いところは反省し、謝るようにしてきました。これからも一つひとつ乗り越えていきたいと思っています。

解説コメント

Yさんご夫婦は学校の先生やスクールカウンセラー、精神科の先生などに相談をし、すべての方に「学校に戻るのは難しい」と言われてしまいました。何度も心が折れそうになったことと思います。それでも諦《あきら》めずに方法を探し続け、生活習慣や、子どもへの接し方を変えることで見事、再登校できるようになったのです。

偏差値70を超える進学校に通っており、同級生たちがみんな勉強している環境ですから、親御さんも「勉強しないで大丈夫なの？」とつい言いたくなってしまうのはよくわかります。Yさんは以前、そういう声かけをよくしていたそうです。しかし、不登校をきっかけに、勉強しなさいとは言わなくなりました。勉強できる・できないは関係なく、あなたという存在が大事なのだと繰り返し伝えるようにしたそうです。

このように、声かけの仕方、接し方を変えていくことでお子さんは変化しました。再登校できるようになり、自立して勉強するようになったのです。

Yさんが「不登校に関係なく、良い親子関係の築き方を教えてもらった感じがします」と言ってくださったのをとても嬉しく思いました。

コラム　不安の乗り越え方

不登校の子は、常に不安と闘っていると思います。学校に行くのが怖いという漠《ばく》然《ぜん》とした不安から、「学校に行ったら友だちに何を言われるか不安」「授業についていけるか不安」など、たくさんの重苦しい感情が胸の内に渦巻《うずま》いているのではないでしょうか。

不安な感情が湧《わ》いているとき、脳の中ではノルアドレナリンという物質が分泌《ぶんぴつ》されています。ノルアドレナリンは、人間が猛獣に出会ったときなど、瞬時に「闘争」か「逃走」かを判断させ、行動するために働くと言われています。ノルアドレナリンが分泌されると、全身に血液がいきわたり、心拍数も高まります。**集中力を高め、一瞬で判断して行動できるようになる**のです。

つまり、**ピンチのときに「そこからさっさと脱出しなさい」と猛烈に急《せ》かしているのがノルアドレナリン**です。ピンチを脱出するエネルギーのようなものですね。

それが出ているのに何もしないでいると、不安はどんどん強まっていきます。布団《ふとん》の中で「どうしよう、どうしよう」とじっとしていると不安は強まるばかりなのです。

不安を解消するためには、何かしら具体的な行動を起こすことが必要です。

不登校の不安を軽減するために、「学校に行く準備をする」というのも一つの行動です。学校に行くためには、たくさんの準備がありますよね。朝起きる・朝食をとる・歯磨きをする・着替える・教科書を鞄《かばん》に入れる・靴《くつ》を履《は》く・玄関を出る……。たとえ校門をくぐれなくても、**一つひとつ行動をすることで不安を減らしていくことができます。**

勉強をする、運動をするといったことも不安を軽くするでしょう。

それから、**「不安を言語化する」**のも効果があります。

不安に関する有名な実験を紹介します。

カリフォルニア大学ロサンゼルス校の心理学チームが、「クモ恐怖症」の人たちを集めて、3つのグループに分けました。

グループ1は、クモが無害であることを伝えられました。

グループ2は、クモから関心をそらすための質問をされました。

グループ3は、クモとの距離を少しずつ縮めながら、「クモの体の毛が気持ち悪い」「噛《か》みつかれそうな気がする」など、いま感じている気持ちを言葉にしました。

結果、グループ1と2は不安が悪化し、グループ3は不安が軽減しました。

いま感じている感情を言語化することを、心理学用語では「感情のラベリング」と言います。これによって、不安や恐怖を感じる脳の扁桃体《へんとうたい》の活性化が抑えられることもわかっています。

不登校の子に対する声かけにあてはめてみると、**「学校は怖くないよ」と言ったり、不安から気をそらしたりしていると、逆に不安が強まる**と考えられます。一方で、いま不安に思っていることを言語化すると、不安はやわらぎます。

親は「どんな不安があるかな？」と質問して、言語化を手伝ってあげるといいでしょう。そして、不安に思っていることに対する対処法も一緒に考えられるといいですね。たとえば、「学校に久しぶりに行ったときに、友だちに『どうしたの？』と聞かれるのが不安」ということなら、「じゃあ、そう聞かれたときに何て答えるか考えておこう」と言って、一緒に考えるのです。

ただし、親子関係があまり良くなく、子どもの自己肯定感が低い状態で不安を言語化させようとすると、逆に不安が強まってしまうことがあります。

再登校への不安の言語化は、5つの条件（「子どもの自己肯定感を高める」「正しい生活習慣に戻す」「正しい親子関係を築く」「考える時間を与える」「しなやかな考え方を教える」）が整ってからやることをおすすめします。

巻末付録　Q&A

生活関連

Q 平日は朝7時には起きるようにルールを決めましたが、なかなか自分で起きることができません。親が起こしてあげてもいいのでしょうか？

A 自分で起きられるようになるのが理想ですが、起きられなければ起こしてあげてください。大事なのは規則正しい生活を送ることです。

Q もともと朝は食欲がありません。朝食は無理にでも食べさせたほうがいいですか？

A 食欲がないなら、無理に食べさせる必要はありません。ただ、家族と一緒に朝食の席に着き、飲み物を飲むくらいはできるのではないでしょうか。飲み物を口にすることで、胃や腸が活動を始めて体が朝を認識し、元気になっていきます。

Q ひとり親家庭です。フルタイムで働いているため帰りが遅く、夕飯の時間にいることができません。その場合は、子どもに一人でご飯を食べさせてもいいですか？

A あまりに遅い時間になってしまうのであれば、お子さんが先に一人で食事をとるのも仕方ありませんね。でも、親御さんが帰って食事をするタイミングで、一緒に食卓についてもらうか、近くにいてコミュニケーションができるようにしてください。お子さんが席につけるように、ちょっとしたデザートを用意するのもいいと思います。

Q 学校に行っていない間、暇なので何をすればいいかと聞かれます。どうすればいいでしょうか？

A 暇な時間は、無意識にもいろいろなことを考えることになるので、必要です。「これからのことを考えるとか、やることはあるんじゃない？」といった返事をすればいいでしょう。何かやらせるとしたら、運動、お手伝い、親子のコミュニケーションになるもの（ボードゲームなど）です。

Q 学校を休んでいるのに、日中に親と一緒に買い物など外に出たがります。そういうときは外に連れて行ってもいいのでしょうか？

A 朝の散歩のように、運動のための外出はいいのですが、本来、学校に行っている時間は、買い物を含め娯楽となる外出は避けるのが基本です。放課後の時間であればかまいません。また、親御さんのお手伝いとして必要がある場合は、日中に買い物に連れて行っても良いでしょう。

デジタル関連

Q デジタル依存が原因かと思いますが、無気力状態です。親が送り迎えをしないと学校に行くことができません。一人で学校に行けるようになってほしいのですが、どう接すればよいのでしょうか?

A おっしゃるとおり、デジタル依存から無気力状態になるケースはとても多いです。生活習慣の乱れも無気力に拍車をかけます。デジタルから離れない限り、この状況からは抜け出せないでしょう。

デジタル制限をしたうえで、学校に行く際には親御さんが送り迎えをしてあげていいと思います。次のステップとして「ここまでできるようになったあなたなら、一人で学校に行けるんじゃないかな」と声かけをしてあげてください。

Q 現代はデジタルを使いこなせなければ、世の中を渡っていけないと思います。デジタルを制限することは、教育的にも悪影響があるのではないでしょうか?

A もちろん、デジタルを否定するつもりはまったくありません。お子さんが学校へ行き、やるべきことをやったうえでならいいのです。確かにデジタル能力の重要性が高い時代になっていますが、やりたいことだけやればいいという社会にはなっていません。再登校のうえで、またデジタルに触れれば良いと考えてください。

Q タブレットは取り上げたのですが、テレビを夜遅くまで見ています。完全なデジタル断ちが難しいのですが……。

A スマホやタブレットを取り上げても、テレビを見ることができる状態ではデジタル制限の効果が出ません。考える時間を作ることができないまま時が流れてしまいます。夜遅くまで見ているということですので、生活リズムの面でも良くないですね。ここは親御さんの覚悟が必要です。どこかに預ける、物置きに片づけてしまうなどして、すべてのデジタル機器に触れないようにしましょう。

Q 不登校期間はゲームができないというルールを実行しました。いまはゲームをご褒美《ほうび》にするかたちで、仕方なく学校に行っています。ゲームに興味がなくなったら、また不登校になるのではと心配しています。

A ゲームをご褒美にして学校に行くこと自体は、悪いことではありません。社会人でも、何か欲しいものがあって、そのために仕事を頑張っている人はいますよね。「仕事が100％楽しいからやっている」というわけではないけれど、ときどきやりがいを感じたり、成長を感じたりしながら社会とつながっているというのが普通ではないでしょうか。

いまは「学校がつまらない」と感じているのかもしれませんが、しなやかな考え方が身に付いていけば、違った見方もできると思います。親御さんはぜひ、魔法の声かけを実践してしなやかな考え方を教えてあげてください。

Q 音楽が好きで、YouTubeやSpotifyで音楽を聴くことが本人の拠《よ》り所になっています。デジタル禁止ルールでは、音楽も取り上げなければいけませんか？

A YouTubeやSpotifyはCDと違い、延々と次の曲を見つけて再生することができますから、やはり依存性が高いです。音楽を取り上げるのはかわいそうだという気持ちはわかりますが、デジタル機器はすべて制限しないと抜け出すのが難しいのです。再登校を目指すためには、一時的に制限をかけるのは必要なことだとご理解ください。

Q 友だちとの通信ツールとして、デジタル機器が必要だと本人が言っています。友だちとの関係は大切だと思うので、完全なデジタル制限に踏み切れません。

A 親御さんの前で、5～10分ＬＩＮＥをするといったことは許可してかまいません。明日の持ち物を確認するのにも、ＬＩＮＥが必要な場合がありますよね。

ただし、友だちとのオンラインゲームを「通信ツール」と言っている場合もあるので、それは許可するわけにはいきません。「友だちと楽しくゲームをしたい気持ちはわかるけど、やるべきことをやってからにしようね」と話してください。

子どもはいろいろな理由をつけてデジタル機器を許可してもらおうとしますが、それになびかず頑張ってください。

Q 「ゲームをやらせてくれないなら、死んでやる」と言います。怖くてゲームを取り上げることができないのですが……。

A お子さんにそう言われたら、怖いと思いますよね。でも、よく考えてみれば、「ゲームをやらせてもらえないなら死ぬ」というのはおかしなことです。ゲームができないと生きられなくなってしまったのだとしたら、それこそ修正しなければなりません。学校生活、部活、習い事、趣味、友だち関係など、ゲーム以外の楽しみを増やしてあげたいですよね。

親御さんは「大事なあなたを絶対死なせたりしないよ」と愛情をこめて伝え、ルールは毅然《きぜん》とした態度で実行してほしいと思います。

声かけ関連

Q 学校に行かず家でダラダラしている子に対し、褒める言葉が見つかりません。褒めどころが見つからないときはどうしたらいいですか。

A 褒めどころを作りましょう。家庭のルールを作り、それを守ることができたらまず褒めポイントです。

それから、「以前のお子さん」と比べて成長したところを見つけるのもポイントです。「同年齢の子はこれくらいできている」「きょうだいはこれができている」というように他者と比較するのではなく、その子自身にフォーカスしてみてください。

Q 学校に行かず、スマホばかり見ていて一切勉強をしません。声かけをしても「ダルイ」としか返ってきません。どう声かけをしたらいいのでしょうか。

A スマホを見ている時間が長いようですので、そこから離れるのが先です。いまは、スマホに脳をハッキングされているような状態で、いくら声かけをしてもお子さんの心に届かないのです。デジタル制限をし、考える時間をとったうえでなら親御さんの言葉が届くようになるはずです。

Q いままでNGな声かけばかりしてきました。良い声かけを学んでも、とっさに否定的なことを言ってしまうことがあります。

A まずは気づいたことが素晴らしいと思います。声かけの仕方を学んで、すぐに100%できるようになる人はいません。日々実践する中で、少しずつできるようになっていくものです。声かけに失敗したと思ったら、素直にお子さんに謝ればいいと思いますよ。「あのときはついカッとなってごめんね。ああ言っちゃったけど、本当はこう伝えたかったんだ」と修正すればいいのです。

病気・特性関連

Q 発達障害の診断を受けています。そのような場合でも再登校できますか？ また、アプローチは変わりますか？

A ADHD（注意欠如・多動症）やASD（自閉スペクトラム症）、LD（学習障害）の診断を受けているお子さんも、基本的に同じアプローチで大丈夫です。ただし、ASDの特性が強いお子さんの場合は、スモールステップで徐々に安心できる範囲（空間やコミュニティ）を広げつつ再登校を目指すことを提案する場合があります。実際に再登校できている例はたくさんありますので、諦めないでくださいい。スダチではお子さんの特性に合わせた声かけなどをアドバイスさせてもらっています。

Q 起立性調節障害なので、朝起きることができないと本人が言っています。どう対応すればいいでしょうか？

A 起立性調節障害とは、自律神経の働きが悪くなり、起きるときに脳の血液量が低下して血圧が下がり、具合が悪くなる病気です。確かに、この病気であれば朝は辛《つら》いでしょう。ただ、「起立性調節障害だから仕方ない」と、何もしなくて良いわけではありませんよね。まずはデジタル制限をして生活リズムを整えるようにしましょう。それによって、きちんと朝起きられるようになり、再登校できた例はたくさんあります。とくに症状の強いお子さんで、朝4時に起きて3時間かけて学校に行けるように頑張ったケースもあります。

いじめ関連

Q いじめが原因で学校に行けなくなりました。恐怖があるので、ゲームやYouTubeで気を紛《まぎ》らわせている状態です。どうすればいいのでしょうか?

A 辛いですね。いじめが原因で学校に行けなくなるなんて、本来はあってはならないことです。このような悲劇が続かないよう、学校には動いてもらわなければなりません。学校や教育委員会に言ってもダメなら第三者機関を頼り、それでもどうにもならなければ転校が選択肢です。

また、お子さんは恐怖を感じているとのことですね。親御さんの日々の声かけによって、不安や恐怖を乗り越えられる可能性はあります。ぜひ第5章の「魔法の声かけ」を実践してサポートしてあげてください。ゲームやYouTubeをしているだけで、改善することはありません。

学校関連

Q 不安が強く、集団がいる教室に入っていくことができません。学校以外では人と交流もできますし、習い事にも通えています。学校のみ行くことができないのですが、どうしたらいいのでしょうか？

A　「集団が苦手」とのことですが、今後もずっと集団を避けて生きていくのは難しいですよね。乗り越えたい壁だと思います。お子さんの自己肯定感を高め、チャレンジする気持ちを引き出してあげることで、徐々に集団も苦でなくなるケースも多いです。「苦手だから」と諦めず、サポートしてあげてください。

Q　本人が行きたいと思っていないのに、学校に行かせる意義があるのかどうかわかりません。フリースクールでもいいのではないでしょうか？

A　自立を目指していることを考えたとき、総合的に見て学校は意義のある場所であるはずです。フリースクール等、学校以外の選択肢をとっても、生活習慣、運動習慣、学力、社会性が問題なく身に付くのであればいいと思います。ただ、よほど経済的余裕がない限り、公教育以外でこれらをカバーするのは難しいのが現状です。

Q「学校に行けばいいことがあるよ」と伝えても、本人にとっての学校はいいことが起きない場所なので、まったく行く気になりません。どうすればいいですか？

A「学校に行けばいいことがあるよ」と伝える必要はありません。世の中の子どもたちがみんな、いいことがあるから学校に行っているわけではないですよね。やるべきことをやるのは生きていくうえで大事なことです。それを身に付ける場所が学校です。学校が楽しければ、それは素晴らしいことですが、「楽しくあるべき」と思っていると、ものごとを硬直的に捉《とら》えるようになってしまいます。「大変なこともあるけど、頑張って学校に行こうとしているあなたはかっこいいよ」という気持ちで接してあげるのが良いと思います。

家族関連

Q 私は声かけ等意識して頑張っているのに、夫が非協力的です。せっかく改善してきていると思っても、夫に台無しにされます。

A それは辛いですね。理想は、ご夫婦で話し合って方向性を一致させたうえで取り組むことです。スダチが間に入って、ご夫婦それぞれとお話をし、なるべく同じ方向性でやっていけるようにサポートさせていただくことはできます。それが難しい場合、お一人でも強い気持ちを持って取り組み、実際に再登校に導いた事例はありますので諦めず頑張っていきましょう。

サービス関連

Q スダチのサービスを受けても再登校できなかった事例とは、どのようなものですか？

A いくつかのパターンがあります。まず、メソッドを徹底できなかった場合。たとえば、デジタル機器をすべて回収したつもりでいたが、実はお子さんがこっそり昔のゲーム機などを掘り起こしてやり続けていた……というケースがあります。それから、夫婦間で意見の相違があったり、親御さんが病気になってしまったりでサポートを中断せざるをえなかった場合。もともと親子関係が良くなく、ほとんどコミュニケーションが取れていないような場合には、難しいことがあります。

ただ、ほとんどの場合、状態は改善しています。サポート期間内に再登校はできなかったけれど、後日、無事に再登校できましたというご連絡をいただくこともあります。

おわりに　不登校を乗り越えた経験が財産になる

2か月半ほど不登校だった小学4年生の女の子が、学校の作文「4年生で頑張ったこと」にこう書いていたそうです。

「私は以前、学校に行きたくないと思っていて、実際に行くことができませんでした。でも、お父さん、お母さん、妹が支えてくれて、また学校に行けるようになりました」

この作文を見て、お母さんは感激したそうです。辛《つら》かった不登校期間のことを振り返り、「私はそれを乗り越えたんだ」という自信になっているだけでなく、家族が支えてくれたという認識を持っていたからです。

ほんの半年前は「学校に行きたくない」と強く抵抗していた子が、です。理由ははっきりしませんでした。毎回言うことが違うので、解決のしようがないように思いました。お母さんはあちこち相談に行きましたが、「他に不登校の子はいないから、学校のせいではないんじゃないか」「学校に行けなくても、通信制高校がある」

などと言われて絶望しかけていました。

それが、支援開始22日で再登校できるようになり、こんな作文まで書けるようになったのです。

私はこの話を聞いて、あらためて子どもの成長のすごさを感じました。

こうした例は数えきれないほどあります。

デジタル依存で昼夜逆転生活をしており、ちょっとしたことでキレて暴れていた子が別人のように明るく優しい子になったり、ネガティブな発言が多く、自傷行為をしていた子が元気に友だちと遊ぶようになったり。

不登校の悩み真っ只中《ただなか》の親御さんは、「この先どうなってしまうのだろう」と絶望的な気持ちだったと思います。でも、子どもは本当に成長するものです。スダチのサポートで大きな変化があると、「魔法みたい」と言っていただくことがありますが、本当に魔法みたいなのは子どもが持つ可能性なのでしょうね。

子どもは、大人の想像をはるかに超えて成長することができます。無限の可能性があるのです。私たちは子どもの可能性を信じて接することが大事だと感じます。

本書では再登校を目指すためのメソッドをお話ししてきました。親御さんが覚悟を持って取り組んでいただければ、お子さんの驚くような成長を見ることができると思います。

再登校は通過点に過ぎません。

本当に目指したいのは、子ども自身が幸せな人生を生きていくことです。

不登校はネガティブな出来事かもしれませんが、これも一つの機会ととらえることができます。「これを乗り越えた自分はすごい。支えてくれた家族にも感謝」。そう思うことができる子は一回りも二回りも成長しています。不登校を乗り越えた経験は財産になります。

今後もさらにいろいろなことにチャレンジできることでしょう。

いま不登校で悩んでいる方も、大丈夫です。行動を起こせば、必ず変わります。親子関係が良くなり、前向きになって、再登校できるようになります。

スダチが発信している情報についてさらに詳しく知りたい方は、YouTube番組「不登校解決ＴＶ」をご覧になってみてください。

子どもの可能性を信じて、頑張っていきましょう。

最後になりましたが、本書を監修いただいた小野昌彦先生に心から御礼申し上げます。先生の学術的な根拠に基づいたご指導のおかげで、読者の方に信頼いただける本になったと思います。本当にありがとうございました。

ライティングでサポートいただいた小川晶子さん、ＰＨＰ研究所の中村悠志さん、企画協力いただいたブックダムの皆様にもこの場を借りて感謝をお伝えさせてください。

また、体験談をお話しくださったみなさま、本当にどうもありがとうございました。みなさんのお話がいま悩んでいる多くの方の勇気になると思っています。

いつもご相談者の方々のことを真剣に考え、全力でサポートしてくれているサポートスタッフのみなさんにも、ここで感謝の気持ちを伝えたいと思います。

小川涼太郎

参考文献

『スマホ脳』アンデシュ・ハンセン／著　久山葉子／訳　新潮新書
『スマホが学力を破壊する』川島隆太／著　集英社新書
『オンライン脳――東北大学の緊急実験からわかった危険な大問題』川島隆太／著　アスコム
『精神科医が見つけた3つの幸福――最新科学から最高の人生をつくる方法』樺沢紫苑／著　飛鳥新社
『マインドセット――「やればできる！」の研究』キャロル・S・ドゥエック／著　今西康子／訳　草思社

〈著者略歴〉

小川涼太郎（おがわ・りょうたろう）

株式会社スダチ代表取締役
1994年3月26日生まれ、徳島県出身。関西大学経済学部卒業。2016年4月、新卒でアビームコンサルティングへ入社。1年目からプロジェクトリーダーに抜擢。2年目には新規部署の立ち上げメンバーを経験し、約2年間で0から50人規模のチームへと拡大。日常の業務の中から「教育が変われば人も変わり社会も変わる」ことに気づき、「教育へ人生を捧げたい」と強く思い、2019年5月に退職し、株式会社スダチを設立。不登校の子ども達に向けたボランティア活動を通して、多くの不登校の子ども達と関わる中で、「本当は学校に行きたいけど行けない、自分でも行けない理由が分からない」という“目的意識がない不登校”で悩んでいる子ども達や親御さんが多くいることを知る。その現状に危機感を感じて、「不登校で悩んでいる人たちを1人でも多く救いたい」という想いから、2020年4月、不登校支援事業開始。
2024年3月時点での再登校人数は850名を超え、平均再登校日数は18日。再登校率は90％を超える。本書が初の著書。

〈監修者略歴〉

小野昌彦（おの・まさひこ）

明治学院大学心理学部教育発達科教授
筑波大学大学院修士課程教育学研究科修了、同大学大学院博士課程心身障害学研究科中退。博士（障害科学：筑波大学）、公認心理師、専門行動療法士。宮崎大学名誉教授。専門は、教育臨床、障害科学。
1988年より不登校の系統的支援方法の研究を開始し、支援契約が成立・維持した公表許可事例50事例中49事例（1事例転校）の再登校、再登校維持、及び社会的自立を支援した。2000年より町、市単位での不登校減少対策に関わる。東京都東大和市不登校対策研究協力校スーパーバイザー（全市不登校数、約4年間で新規不登校発現率半減）、三重県名張市不登校対策スーパーバイザー（全市不登校数、3年間で半減）。他小中学校での減少事例多数。
主な著書に、『不登校の本質』『児童・生徒の問題行動解決ツール』『学校・教師のための不登校支援ツール』（以上、風間書房）、『教師と保護者の協働による不登校支援』（東洋館出版社、編著）などがある。

不登校の9割は親が解決できる
3週間で再登校に導く5つのルール

2024年5月24日　第1版第1刷発行
2024年10月22日　第1版第6刷発行

著　者　小川涼太郎
監修者　小野昌彦
発行者　永田貴之
発行所　株式会社PHP研究所
東京本部　〒135-8137　江東区豊洲5-6-52
ビジネス・教養出版部　☎03-3520-9615（編集）
普及部　☎03-3520-9630（販売）
京都本部　〒601-8411　京都市南区西九条北ノ内町11
PHP INTERFACE　https://www.php.co.jp/
組　版　有限会社エヴリ・シンク
印刷所　株式会社精興社
製本所　株式会社大進堂

ISBN978-4-569-85710-7